GREENMAN LEGEND

グリーンマン伝説

カサリン・バスフォード
＋
阿伊染徳美

社会評論社

Dedicated to Mrs Kathleen Basford
Who is the mother of Greenmanology.

カサリン·バスフォードの肖像。ロンドンのモリス·パブにて。(阿伊染画)

ヨークシャーのフォンティンズ修道院にあるグリーンマンの彫刻。これによってカサリン・バスフォードが最初にインスピレーションを受けた。（K・バスフォード撮影）

聖女を守るグリーンマン。リスボンのジェロニモ修道院にて。（阿伊染撮影）

日本のグリーンマン。奈良県にある古寺の鬼瓦「神農像」。
体に葉文の衣を着る。（成清治道撮影／阿伊染蔵）

アシジ（イタリア）の聖フランシスコ大寺院正門脇にあるグリーンマン。（阿伊染撮影）

「はもり」THE GOD OF OAK - hamori '96（阿伊染画）
第70回記念国展およびロンドンのダイワ・アングロ・ジャパニーズ・ファウンディションにおける個展への出品作品。

「銀河鉄道」The Milky Railway '94（阿伊染画）
第68回国展およびヨーロッパ巡回「かけはし展」への出品作品。ポーランドのクラコフ国立博物館で展示と講演。

カサリン・バスフォード（右）と阿伊染徳美（左）1995年９月７日、ロンドンのウイリアム・モリス・リバーサイド・フリーハウス・パブにて。

ロンドンのダイワ・アングロ・ジャパニーズ・ファウンディションにおける阿伊染の個展風景（初日前夜に行われたプライベート・ビューのパーティ、1997年４月15日）

【プロローグ】……4

I　グリーンマン事始

【1】明日を拓く地球神……8
【2】ケルトとそれ以前の土地の神……14
【3】「異教徒」たちの守り神……20
【4】無名のグリーンマンたち……26
【5】日本のグリーンマン……32
【6】東洋のグリーンマン……38
【7】葉守の神の系譜……44
【8】モリスから漱石へ——ユートピアの水脈……50
【9】よみがえる自然神……56
【10】地球神が目覚めるとき……62

【本書関連地図】……68

Ⅱ　グリーンマン気圏

【1】葉守とグリーンマン……70

【2】トーマス・モアの『ユートピア』……90

【3】テムズ河のほとりで……96

【4】ウイリアム・ターナーの「金枝」について……106

【5】マナハウスのちから……116

【6】どんぐり感とジャン・ジャック・ルソー……126

【7】ウイリアム・ブレイク頌……134

【8】北斎崇奉……140

【9】ウイリアム・モリスの「レッド・ハウス」……150

【10】夏目漱石とグレン・グールド……160

【11】宮沢賢治と清六兄弟の気圏……172
【12】野上弥生子ＥＶＯＬ……190
【13】遊病記……202
【14】バーナード・リーチ――東西の断絶をつなぐ仕事……214
【エピローグ】……220
【ロンドンにおける阿伊染個展案内】……222
【参考文献】……224

Ⅲ ザ・グリーンマン

カサリン・バスフォード・著　阿伊染徳美・訳……284
序　文……283
グリーンマンの歴史と変遷……276
【訳者解題】……226

【プロローグ】

花の都フィレンチェには、フローラの女神こそふさわしく、その姿を描ききった巨匠ボッティチェルリの名画「春」は、文字通り芽出たさ、美しさの絶頂に達している。この女神の前身はクローリスという緑色の名をもつ森のニンフであった。彼女は口から花を吹きこぼしているがなぜだろう。

日本の『古事記』の神代の時代には、月の女神オホゲツヒメノミコトがいた。この女神の目から稲、耳から粟、鼻からあずきなどが芽吹き、人びとに五穀を与えたと述べられていて、これは、世界のある地方と共通する話である。

五年ほど前、私は吉野の金峰山への登り道を歩いているとき、左側の骨董屋の方に何かひかれ、軒下を見ると黒ぽい怪異な坐像があり、聞けば奈良の古寺の鬼瓦であったという。上半身葉でおおわれ、有名な美術研究家森口多里が今から八十年ほど前に、フランスで研究したときに呼んだ「葉文」の像で、私はここに日本で初めてグリーンマンを見た。

以上に述べた三つの話題は、世界人類の古代から根底に共通するということを確認できる。中世の彫刻を全ヨーロッパに探求し、インスピレーションをえたのは英国の植物学者でリンレイ賞の金メダリスト、カサリン・バスフォード教授である。その著書『ザ・グリーンマン』が発表されると、それまでの歴史、芸術、民俗学、環境学を根底からゆさぶるものとなり、ケルト学とそれ以前の学問との分別も問われた。

それればかりか、今は演劇、映画でもグリーンマンは復活している。今年のアカデミー賞で最高の作品となった「ロード・オブ・ザ・リング」また人気絶頂の「ハリー・ポッター」なども顔のある木や草が活躍している。これは原作者たちは英国人で、中世以前のグリーンマン伝説の精華なのである。「アーサー王」、「ロビンフット」等民衆の根底にグリーンマンがある。

私はK・バスフォード先生と面識もない頃、英国人の友人から借りた先生の本に収録されているグリーンマンの写真のコピーからモチーフをとり入れ、「オホゲツヒメ」を描き、個展で発表したことがきっかけで、一九九五年ロンドンのわが家に先生御自身の来訪をうけるという栄を賜り、以来先生が八十二歳で逝去されるまでの一九九八年の終りまで、弟子として教えを親しく受けた。

いつの日か『ザ・グリーンマン』を訳し、日本で発表したいものと、先生がお元気なとき申し出たところ、快諾して下さったのである。しかしその頃、本は幻の名著で手に入らず、何んと先生も手もとにないのだった。やがて「ザ・タイムス」が絶賛の記事を大きく報道し、一九九六年に再刊された。先生からサイン入りの本が送られてきたので早速開いて見ると、巻頭に、〝Tokumi AYZEN, Who loves The Green Man〟と刷られてある。私はただ絶句してしまった。本書の第Ⅲ部はこの記念すべき本を基にし、本文の全訳を目ざした。日本の皆さまにグリーンマン学のバイブルを紹介したいと念願する余りである。

なお、Ⅰ部とⅡ部は先にのべた事情で、勉強の途中、私の在英国十年間のそのつどを、Ⅰ部は在邦人向けに、Ⅱ部は日本向けにそれぞれ発表したものである。従って、重複する記述も多々あるが、それは私のグリーンマン研究におけるモチーフや重要な論点のリフレインととらえていただきたい。

「春」ボッティチェルリ原画。右のクロノスは緑を表わす名で、森のニンフである。口から花を吹き咲かせつつ、左の春の女神へと身を移す。グリーンマンの思想を秘めている。阿伊染模写（部分）

I グリーンマン事始

【1】明日を拓く地球神

人間の顔に草木の体を持ち、あるときは慈悲ぶかい大地母神に、あるときは山に起き伏す義賊に姿を変え、人類を危機から救う「地球神」グリーンマン。ブリトンそして古代ケルトから古事記、ウイリアム・モリス……世界各地のさまざまな神話や文献に材をとりながら、グリーンマン思想のメッセージをさぐる。

若き日の夏目漱石が、ロンドン西南のわが町トゥティングを好んでいなかったことを、わたしはいつも惜しんでいる。とはいえ、縁あって彼は、一九〇一年の四月から七月までここに住んでいた。

彼の滞英日記が興味深い。七月九日はわずか三行で、その終りに「ホルボーンでスインバーンとモリスを買う」とある。スインバーンとモリスはともに、グリーンマンに深く傾倒した作家だ。これからわたしが語ろうとするグリーンマン思想が、漱石の心のうちに宿ったのは、わが町トゥティングからなのだとの発見に、胸が熱くなった。

「ホオゲツヒメ」最初に作られたグリーンマン作品
銅版画。阿伊染作、カンタベリー大学図書館主催の個展ポスター

そればかりでなく、わたしの崇拝する宮沢賢治も、この漱石とモリスの影響を受けている。彼が終生の地、花巻で構想した理想郷「イーハトーブ」は、トゥティング近くのウォンドル川畔にモリスが開設した協同作業所に触発されたものだ。

グリーンマンとは何か。英国人ですら知らない人が多い。のんべえの友人らは「あ、それはパブの名前だよ」という。ここでまず、わたしの体験を聞いてもらいたい。トゥティング・ブロードウェイ近くの裏街通りにわが家がある。早起きが好きな私は画室から見える通りの向い側のテラスハウスのオジサンに、窓ごしにお顔を拝しつつ「おはようございます」とあいさつする。朝の光にけぶってやさしく見えるその顔は、奇妙ではある。ひげが逆上し、両側を上ってツタの枝葉と化して頭をつつんでいる。

実はこのオジサンは、玄関わきの柱の上を飾っている石の彫刻で、十九世紀に建設されたこの通りの魔よけなのである。悪魔、悪疫、悪人の侵入からこの通りの住人を守って下さるのだ。「葉文の頭」とか「オークの男」と呼ばれ、ヨーロッパ各地の教会、大聖堂、学舎、パブなどに見られる。

いまひとつの例として、毎年五月一日にはオックスフォードで猛烈なことが起こる。

四月三十日から夜を徹して酒を飲んだ何千という若い男女がロンドン通り方面と街とをつなぐ美しい石橋、モードリン・ブリッジへと押しかける。

オスカー・ワイルドも学んだ、静かで世界一美しいキャンパスといわれるモードリン・カレッジのそば、チェーウェル川にかかる橋の上は夜明けの狂乱である。興奮した乙女が胸もあらわに若者によじのぼり、太ももをその首に巻きつけ嬌声を発するかと見れば、酒をラッパ飲みの青年が、パッと石のらんかんに立ち、服をかなぐり捨ててこれ見よと衆目に誇る。ドッというどよめきを後に、数十フィート下の川面めがけて飛び込んでいく。緑の服を着た道化、愛称「ジャック」がくり出す。モーリスダンスを踊り、春の喜び一色となる。古代ローマのバッカスの狂喜もかくやとばかりだ。

騎馬警察隊も出動するが、群集の熱気は抑えられず彼らを寄せつけない。神主もおみこしも、聖者も十字架もない。指導者もリーダーも、とにかく人の上に立って牛耳るものいっさい無し。これこそ真の民衆の祭り、グリーンマンの祭りで、何百年も続く英国のメーデーの原点なのだ。

朝七時、美しいモードリン教会の鐘塔から聖歌隊の声が流れると、人びとは去っていく。八時までには何事もなかったかのように、街路は平静を取り戻す。

グリーンマンは人びとを守り、春を招き、秋の収穫を約束し、冬の充実を保証する神だ。

九〇年夏、わたしと妻はオックスフォードのヘディントンの丘の上の家に住むことになり、アレックス・ワイルドウッド師とセラン夫人との共同生活がはじまった。この夫妻がわたしに、グリーンマンのことを教えてくれたのだ。

現代の思想、宗教をもってしても阻止できない地球の破壊、人間の心の荒廃は、自然と人間との不調和によって起こる。ここにキリスト教よりもはるか以前に英国に伝わっていたグリーンマンの考えこそが、素朴にその解決の道を拓くという。

車はなるべくひかえる。プラスチックよりも木皿や木の椀を使う。生ごみは土へ。生き物を大切に。菜食主義。宇宙生命への回帰――宮沢賢治の思想を思わせる。銀河鉄道のSLは悪い排気を出さないし、『グスコーブドリの伝記』では、地球温暖化問題をすでに七十年も前に提起しているのだ。

ワイルドウッド師が、参考書としてカサリン・バスフォード女史の『ザ・グリーンマン』を薦めてくれた。長い間画家をやっている自分だ。新しいものには驚かない。現代という同じ病床で生まれた衰弱した美だろうとたかをくくっていたところ、その写真を一見して、全身全霊に電撃を受けたように汗が脇を伝う。個人に偏る現代芸術への痛打。これこそ「英国土着人」の生命世界だ。

グリーンマンとは何か。

一、頭部の髪やひげなどが植物となる。

二、口、鼻、目、耳などから植物を出している。あるいは吸っている。

三、体が植物になる。植物から人体が出る。

四十年間も日本神話ととりくみ、絵画化に難渋してきたが、この人間と自然とのぬけぬけとした完全同和の発想が、わたしを開眼させる。グリーンマンのイメージを託した、古事記の女神「オホゲツヒメ」像を、まず描いてみる。目鼻口耳そして体から五穀を出して人間に与えたという神だ。

この絵の絵はがきがバスフォード先生の目にとまったのが縁で、ある日先生自らわが家へ原画を見に訪ねて来られた。わたしは日本のグリーンマンについて話し、弟子入りを許された。それ以来、英国での孤軍奮闘は終り、先生の紹介で英国人の宗教、民俗学、歴史、文学の学者がわたしを支援してくれるようになった。これもグリーンマンの恵だと思うとありがたい。

【2】ケルトとそれ以前の土着の神

グリーンマンを「神」と呼ぶのは今のところわたしだけだと思う。英国の研究者たちは「人」扱いだが、ここはキリスト教国だから当然だろう。しかし、グリーンマンが日本へ渡っていたら、大きな神社ができたはずだ。ともかくも、わたしにとっては英国土着の神様であり、おろそかにはできないのである。

グリーンマンの研究はこれからだろう。なぜなら、これまでつねに時の権力との関係で裏の宗教として扱われてきたからだ。古代ギリシャやローマ、次いでキリスト教やイスラム教勢力がこれを征服し、破壊し、また服従させてきた。

それにもかかわらず、グリーンマン信仰は生命を保ち続け、いま、ふたたび着目されるようになってきた。それはグリーンマンがつねに民衆に支持されてきたからである。そして彼はそのつど大きな神々を習合してきた。

グリーンマン研究の第一人者でわが師でもあるカサリン・バスフォード先生は、その一例としてギリシャ神話のディオニソスを挙げる。イスタンブールで出土された

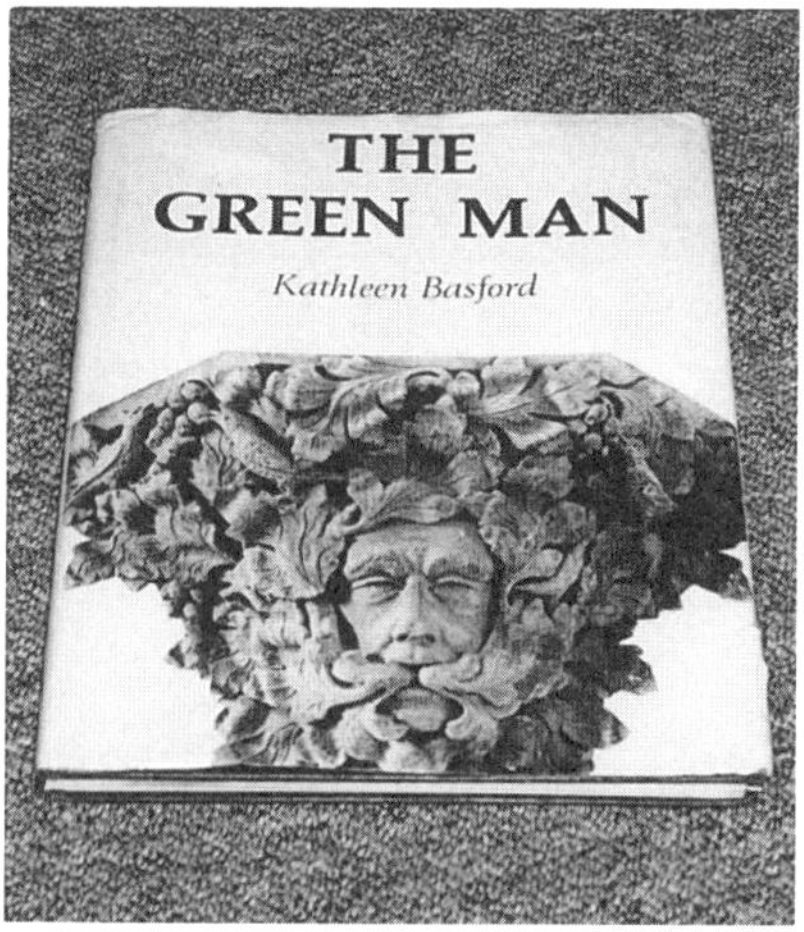

ケルト文化･中世キリスト教文化研究と自然保護運動などに大きな影響を与え続けている。世界最初のグリーンマン研究書。

ディオニソスの石彫作品に、世界でもっとも古いグリーンマンの姿が認められるという。

　この神は、ローマ神話ではバッカスと呼ばれ、酒の神、演劇の神である。アポロンと張り合うほどの力を持ち、人びとを熱狂的な行動に走らせた。古代円形劇場などにその守り神として石彫が多く残され、また柱頭の葉文などに、まぎれるようにして彫られている。髪の毛やひげが伸びてアイビーとなりからみつく。ぶどうも同じように葉や房をつける。これらは神聖な霊力を持つ植物とされ、この神を守っていると見受けられる。

　ディオニソスはしばしばたいへんな美少年として表現される。あるとき、この美少年は島からさらわれ、船に閉じ込められる。彼の美貌に目をつけた船人らが悪心を起こし、エジプトへ船を向け、そこでこの少年を売ってひともうけすることを企む。水先案内人アケテスはその無謀を止めようとするが、誰もいうことを聞かない。ところが、みるみる船は止まってしまい、帆や柱やロープはぶどうの木やアイビーのツルと化す。やがて少年は本来のディオニソスの姿にもどる。驚いた船人らは海中に放り込まれ、彼らはイルカとなって水中にあえぐのだった。

ここでもディオニソスがグリーンマンのイメージと重なる。神聖なアイビーは英国のグリーンマンにつねにともなう常春藤《とこはるふじ》なのだ。

ディオニソスは奇行が多かった。あるときふっつり消え去り、しばらくして「インドへ行っていた」といって帰ってくる。これは東洋のグリーンマン伝説との関係を暗示している。

古代ローマが栄えるためには周辺を征服し、大量の食糧その他の物資や奴隷をつねに確保する必要があった。巨大化することによってしか生き延びられず、それが滅亡のもとになるという皮肉は、現代文明にも通じる。ともあれ、ローマ人は人類史上空前のぜいたくを維持するために、北方で豊かに暮らしている人々（主にケルト民族）を侵略する。ゲール人が多く住む今のフランス、ゲルマン人が住む今のドイツ、そしてヨーロッパ大陸をぐるりとまわって背後に控えるブリテン島、アイルランドの島々だ。

ローマ軍の指揮者はジュリアス・シーザー。彼は紀元前五五～五四年にブリテン島を侵略し、以降四百年間にわたって占領が続く。このころ、大陸ではゲール人を相手に大戦争が展開された。

一連の戦闘のありさまは、逐一ローマ本国へ報告された。彼らがいかに苦労し、どれほどローマのために闘っているか。それればかりではない。当時世界最高の文化を誇っていたローマ人のことだ。敵側のあらゆる状況、つまり、文化の程度、宗教のあり方、民衆の意識などを、戦線各地から調査報告した。これが有名なカサエ（シーザー）著『ガリア戦記』である。現在、海外の第一線で働く駐在員の人々が、本国や本社へ月報報告を送っているその元祖ともいえる。

『ガリア戦記』には当然、自分たちがよく思われたい一心の部分も感じられるが、半面、非常にリアルかつ正直なところが多い。それが二千年後の今日も、人々を感動させる力を持つゆえんだ。

敵方、つまりケルト文化圏の人々は非常に教養が高く、勇ましいのであなどれない、とある。ドルイドと呼ばれるすぐれた宗教の指導者がいる。神主、学者、医者等を一身に引き受けた官吏ともいえる彼らは、深く民衆に尊敬されている。文字で記録することを好まず、すべて暗記する。幼年にしてすでに三百ぐらいの詩を覚え、歌や琴の弾奏に秀でている……。

このように、ローマ側の報告や研究はかなり公平であったとわたしは思う。グリーンマンについて何ひとつ古代の文献を持たないわれわれにとって、どれほど重要な記録であるかはかり知れない。

ドルイドとは、「ドル（オークの別名）を知る人」という意味。現在、ゲール語の地名がもっとも多く残っ

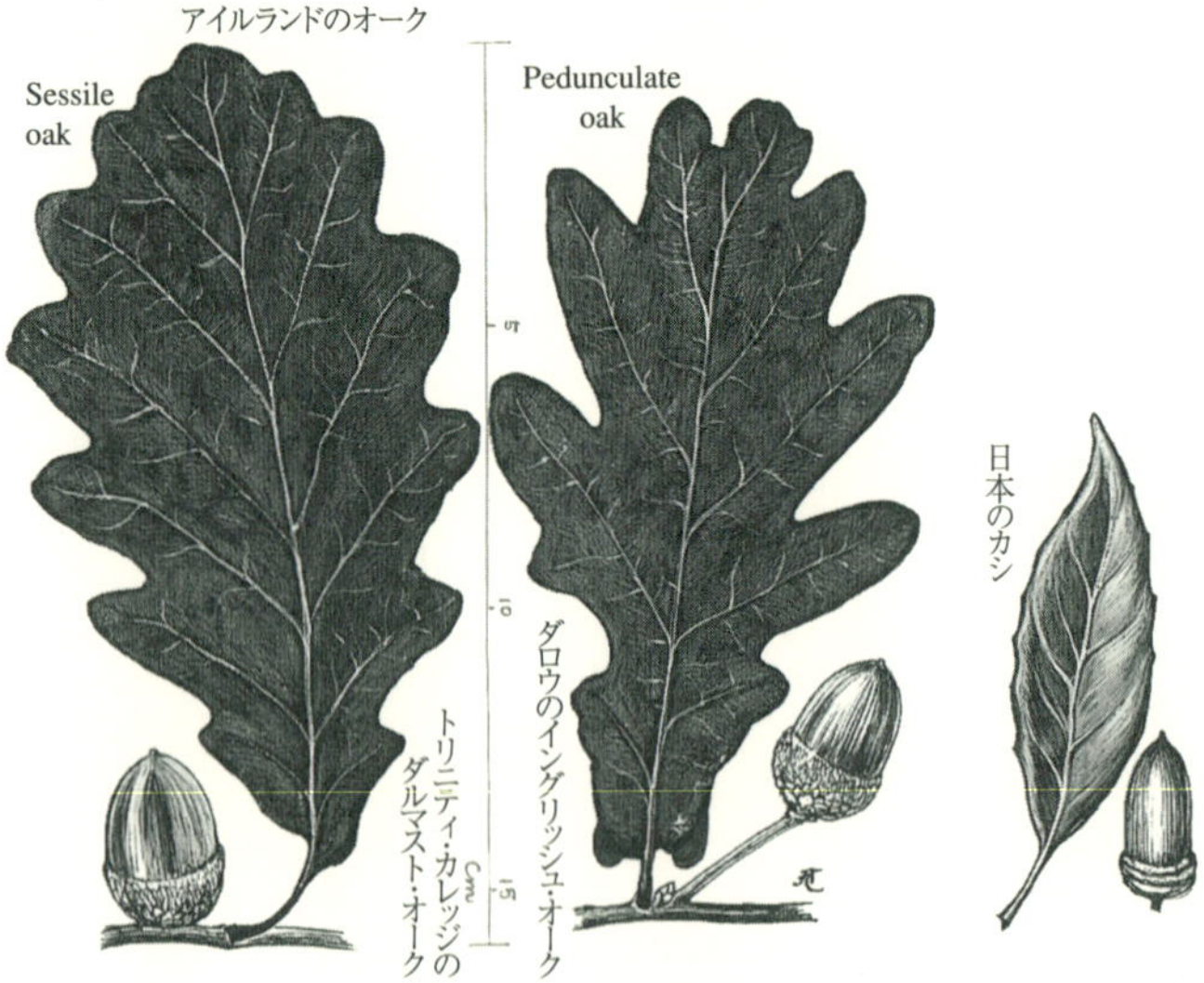

英国のオークと日本のカシ

ているアイルランドには、聖書で有名なダロウという地があるが、それは「オークがはえる野」という意味である。

ブリテン島のドルイドは、聖なる木オークに寄生するやどりぎから、すべてを癒すといわれる霊液を採取し、人びとに幸福を与えた。

オークのどんぐりは、猪、豚、鹿などの餌となる。材木で、神殿、城、家、船、家具などが作られる。そのほか、木炭、染料、皮なめし、ガラス、インク製造などに重要な原料を提供する。もっとも神聖かつ有用な樹木なのだ。

ぶどうの木の少ない英国では、グリーンマンは圧倒的にオークと交流する。目、口、鼻、耳からこの木が生えているグリーンマン像もある。ケンブリッジシャー、グレートシェルフォードの教会にある石彫のグリーンマンこそ、その究極といえようか。オークの葉二枚が顔面をつくり、どんぐり一つが鼻。もはやグリーンマン即オークで、昔「マン・イン・ザ・オーク」と呼ばれたこともうなずける。

（第Ⅲ部二三二頁の図を参照）

【3】「異教徒」たちの守り神

一万年以上前、英国・アイルランドはヨーロッパ大陸と陸続きだったという。間に海ができて島となった後、今から五千年ぐらい前に、石を環のように並べる文化があらわれた。ソールズベリー近くにあるストーンヘンジは、その一つだ。

その当時戦争はなく、とにかくみんなで協力した。大きな石は一個引くのに三百六十人以上もの人力が要る。ストーンヘンジは、太陽の動きと関係した何らかの祝祭に用いられたと考えられている。

また、丘の上からフランスが眺められるほど大陸に近い、チャンネル諸島のグワンジィ島には、四千五百年も前の石彫の女性像が、さりげなく道端に立っている。これらは「ラ・グランマー」と呼び親しまれる大地母神である。わが師、カサリン・バスフォード先生によれば、これもグリーンマン像の一つなのである。グリーンマンといっても男神だけを指すとは限らないのだ。（五七頁参照）

二千七百年ぐらい前に、英国にケルト人が渡ってきた。彼らは大陸で高い文化を発

アイルランド黄金時代に作られた「ダロウの聖書」

展させた。鉄器も使い、金属工芸のすばらしさには目をみはるものがある。彼らは、巨石文化の先住者を滅亡させずに、融合・同化していったといわれる。先住者の神も取り込んでいったのだ。

紀元前五五～五四年、シーザーがブリテン島を侵略、以来ローマ人による占領が四百年間続く。西暦四〇七年、本国の都合でローマ人は勝手に去っていく。今度は、いよいよ「イングランド」という名のもとにもなったアングロ・サクソン人が侵入してくる。ブリトン人やケルト人に徹底的な攻撃を加えた。やっと生きのびた人々は、現在のイングランドの南西デヴォン、コーンウォール、ウエールズ、スコットランド、フランスのブリタニーそしてアイルランドへと逃げのびていった。いとどまったブリトン人は奴隷、僕婢となり、わずかに幸運な者は農奴となった。いずれにせよ、彼らは自由を奪われた民となってしまった。大憲章（マグナ・カルタ）が発布された一二一五年頃ですら、英国の人口の約八〇％までは農奴以下である。巨石文化やケルト文化を築いた人々の末裔の多くは、一〇％にも満たない王侯貴族と自由民に隷属することを余儀なくされたのである。

その後、ブリテン島ではローマ・カトリック教の布教が始まり、五九七年には大僧上らが赴いている。しかし、教会の上層部は、王侯貴族と手を結んで民を支配することに力を入れ、民を救わんとする気持ちは稀薄だったとみられる。たとえば十六世紀に入って、英訳の聖書がコーンウォール人たちに伝えられたとき、民衆は何が何だかわからなかったという。コーンウォール人は英語を解さない。ケルトの言葉しか話さないブリトン人なのだから。

要するに、支配者は、税金と奴隷の人力だけがほしかったのであり、自分たち以外の者らが天国にいくことなどには関心がなかったのだ。視点を変えると、コーンウォール人にはグリーンマンの恵み以外に頼るものがなかった。だからこそ、その遺跡が今なおお多く残っているのだ。

一方、ローマ法王を中心とした中央集権化以前に英国のキリスト教は、土着の思想と結びついて、新しく実り豊かな信仰の形を生み出していた。現在、そうした信者の信仰生活のあとが英国内で発掘されている。

その中でもすばらしい宗教活動を展開した一団がある。指導者はウエールズ人の聖人コルンバーヌス（五四〇～六一五）で、日本の高僧行基に似ているとわたしは思う。

この一派はアイルランドからスコットランドのアイオナ島へと渡り、北イングランドにも進出、大発展をとげた。僧侶の結婚も許されており、人間的で自然だった。ケルトのドルイドの先哲の精神が、キリスト教とうまく結びついたのである。

コルンバーヌスの一派は、昔のケルトの高度の技術を有していた。金属工芸においてはギリシャ、ローマをしのぐのではないだろうか。これらの遺品は、英国やアイルランドの博物館で実際に目にすることができる。

特筆すべきなのは、その宗派がアイルランドで作った『ダロウの書』、『ケルズの書』、そして後にブリテン島で完成させた、『リンディスファーンの福音書』である。この三つの聖書の芸術性の高さは、とても語り尽くせるものではない。

リンディスファーンはイングランドの東北にある小さなホーリー・アイランドである。わたしはこの聖書を大英博物館の図書展示室で拝めるだけでも、英国に住んでいる幸福を思う。同博物館を初めて訪れたのは一九六六年だったが、その後何十回見たかわからない。

フランスやイタリアを英国よりすぐれた芸術国家とみなす人がよくいる。英国人でもそう信じている人は多い。しかし、この時代には、アイルランドや北イングランドこそがヨーロッパ最高の文化の地だった。この地の人々は大陸へ指導、伝道にでかけ、また大陸からは多くの留学生が来ていたのだ。

コルンバーヌス教団の文化の集大成である三冊の聖書には、動物や鳥などの装飾でびっしり埋まっているページがある。奇怪なへびの模様に囲まれたページもある。よく見るとそうした模様の中には、植物やヘビを口からはき出す人が描かれている。まさしくグリーンマンである。グリーンマンの霊力が聖書を守っている格好だ。

残念なことに、これほどすばらしい芸術を生み出したコルンバーヌスの教団は、カトリック勢力によって制圧され、そして聖なる島々は、バイキングのたびかさなる襲撃により完全に滅ぼされてしまった。しかし、不幸中の幸いにも残されたこれら三冊の聖書は、もっと世界に知れわたってもよいものなのだ。

北アイルランド聖なる島。『リンディスファーンの福音書』より／阿伊染模写

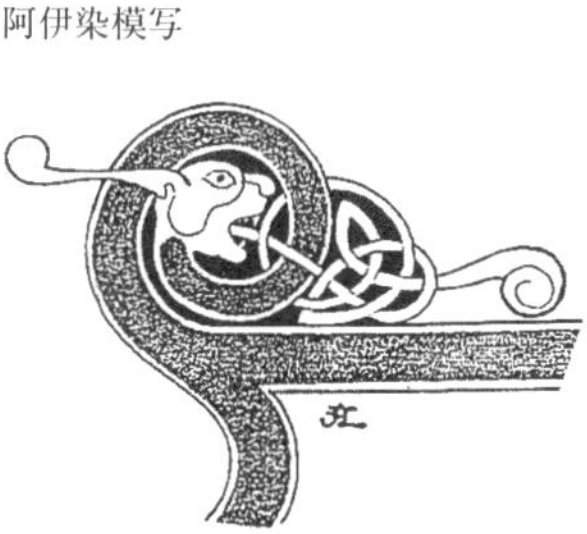

【4】無名のグリーンマンたち

「パブはホームではない。しかしハウスである」

英国人の飲み友達はこういう。なかなかに含蓄のある言葉ではないか。この国の民衆が築き上げたもので、何百年間もの酒のみの結晶である。他の国には絶対にないという。たしかにわたしは東京で、銀座裏や新宿など、はては約二十回引っ越し、そのたびに着いた晩から町の飲み屋を一軒残らずたずね歩くということをしてきたが、英国のパブのような店はない。わたしのようにただひたすら飲めばよい人間にとって、究極の飲み屋なのだ。

ロンドンのサークル・ラインの地下鉄駅、グレート・ポートランド・ストリートから地上に出ると、好みのパブ「ザ・グリーンマン」がある。壁紙がウイリアム・モリスのデザインによる「柳」の模様一面で、それもうれしいことの一つだ。見識が高い。入る前に看板を見あげると、得体の知れない、全身緑色の葉でおおわれた怪人が、右手にこん棒をふり上げ、左手にオークの枝をもって力んでいる。これが昔から普通

パブのグリーンマンの看板。背景には五月祭のメイポールのダンスが見える。

の英国人になじんでいるグリーンマンの典型である。実は上古の聖者ドルイドと共通点を持っている。

さらにこの店の場合にはその看板の怪人物の背景で、着かざった群衆が祭りをやっている。生木を切り、てっぺんの枝葉は青々と残し、あとはまっすぐな長い棒がある。上の方に輪をつけ、そこから四方八方に赤や黄や青やらのきれいな帯がたらされ、そのはじをもって若者たちが踊る。グルグルまわりながら交錯するので、棒はケルト模様状に布が巻きつけられる。これが「メイポール」であり、春の生命の象徴、また男性自身をも表している。

まことにこのパブの看板一枚で、グリーンマンの思想をほとんど余すところなく表しているのだ。この祭りの宵宮には若い男女がくらやみの森に手に手をとって入り、愛を交わして春のよろこびを受け入れたようである。

ドイツの宗教改革をへて、英国を観察したお坊さんフィリップ・スタッブズが、一五八三年刊の『悪習の解剖』の中で嫌悪をもって記しているイングランドの悪習とは、このことである。

昔のケルトの宗教的指導者ドルイドの姿を描いた絵をみると、右手に杖を左手にオークの一枝をもっている。ここにはパブ「グリーンマン」の看板の図柄と共通した、キリスト教伝来以前の伝統的な姿がみられる。

グリーンマンは豊かな収穫をもたらし、人々に酒を与え、幸福を招き、また邪悪なるものから守る神なのだから、パブの名には最適なのだ。同じ内容をもつパブの名として、「ウッドマン」、「ロビン・フット」、「リトル・ジョン」（これはロビンの一味）などがあり、ロンドン内だけでも相当数にのぼる。全国ではどれほどの数になるのか知らないけれども、それらに集まってたのしむ民衆の数は何十万になるだろう。だから普通の英国人はグリーンマンとわたしがいえば「ああ、それはパブだよ」と答える。まずもってその通りである。

グリーンマンのように口や鼻から草木が生えたり、髪やひげが草木になるという姿はやはり、どうみても異形である。ファニーであり、おどろおどろしさはまぬがれない。人々はこれが森から出没するものと考えてきた。

この恐れとなつかしさ、親しさの心をもとに据えて、キングズリー・エイミスが小説『ザ・グリーンマン』を一九六九年に著した。「グリーンマン」というパブの主がグリーンマンの霊に取り憑かれ、複数の女性と関係を持つというストーリーで、生命力そのものともいえる不可解な魔物としてグリーンマンが描かれている。五、六年前にBBCがこれをテレビドラマ化した際、わたしの碁の友人でなかなかの名優マイケル・グラバー氏がグリーンマン役で登場したのも何かの縁だろうか。

この一件などもパブとグリーンマンを結びつけて、人々にグリーンマンの存在を広く知らしめるのに役立った。

一方、民衆はさほどお化け的でない、かっこよく、しかも気取らず、さわやかな理想像をグリーンマンに求めようとする。それを満たすのが、ノッテンガムのシャーウッドの森をとりでとし、悪代官らと闘い、強きをくじき弱きを助く義賊、ロビン・フットなのである。彼が永遠の英雄であり続けている理由は、単に弱きを助ける義の人だからだけではなく、英国人の太古からの精神の根底にある聖木オークの森を守る、日本の仏教風にいえば権化《ごんげ》であるからなのだ。

ギリシャ神話のディオニソス（ローマのバッカス）はグリーンマンであるが、彼は幼くして実母は死に森のニンフを母として育ったとある。ロビン・フッドもなぜか実母とはなされ、森の母によって育てられる。ついでにいっておくと、わたしが日本のロビン・フッドとし、グリーンマンとも考えている金太郎も同じく実母を知らず、足柄山の森の姥《はは》に育てられ、義の人となり民衆を助ける、という共通点をもつ。わたしはこれを三大人気グリーンマンとして追求しているところだ。

つい二日前までわたしはロンドンの聖ジョージ病院に入院していた。病院の入口にはイングランドの守護聖人が悪龍を退治している英雄的な姿の彫刻があり、また外には白地に赤十字の旗がひるがえっている。これはイングランドの国旗で、聖ジョージの旗でもある。

この聖ジョージも実はグリーンマンとゆかりが深いのである。彼はもともと中近東ないし東欧の出身とされている。スラブ地方では四月二十三日の聖人の日には、若者が聖ジョージに扮装し、樺の若葉で全身を包み、グリーンマンの祭をする。英国には「セイント・ジョージ」という名のパブも多い。これまた民衆がグリーンマンを愛するゆえではないだろうか。

オックスフォードのグリーンマン／阿伊染画

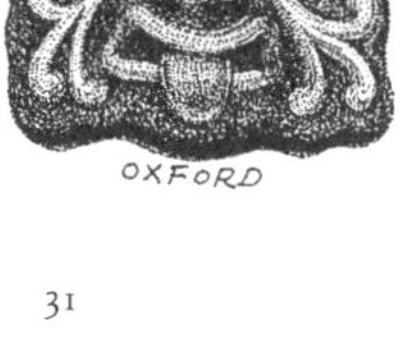

【5】日本のグリーンマン

日本の神話はグリーンマンの宝庫であり、古事記、日本書紀、風土記などが豊かにそれを伝えてくれている。

そうは言っても、古来一般民衆がそうした本を読むことは希少さゆえに無理だったし、明治時代から敗戦を迎えるまで、古事記などの研究発表は国家権力により許されていなかった。では、どうして人々がその内容を知っていたのかというと、神楽によって舞や音楽とともにこ民間に伝えられていたからなのだ。

わたしが幼かったころ、秋の訪れとともに岩手県の早千峰《はやちね》系神楽の一団が、私たちの村にやってきた。そのころは芝居小屋も映画館もなかった。神楽が人々にもたらす興奮と喜びは、数日がかりの上演中はもとより、終って一団が去ったあとも何日間もさめやらなかったものである。

神代では神々は六代まで独神《ひとりがみ》だった。七代目で兄神伊耶那岐の命《イザナキノミコト》と妹神伊耶那美の命《イザナミノミコト》が創られた。女神の名前は「わたしは美しい、さあどうぞ」という意味

アメノウズメは神がかりして踊り、岩屋から太陽神を誘い出す。阿伊染画

である。彼女がまず「あなにやし、えをとこを」と誘いかけ、彼は「あなにやし、えをとめを」と応じ、互いの愛の交流となる。

十四世紀半ばの歌論『筑波問答』の著者、二条良基は「二人していふので連歌のはじめ」と評価し、これは歴史上最初に発せられた美しい詩であるとした。神楽では、この愛の詩にもとづく二神の舞が非常にすばらしい。この愛の舞から山川草木さらにそれをつかさどる神々が生みだされてゆく。グリーンマンの舞といえるだろう。

イザナミは次々と万物を生み、やがて火の神を生むとき美陰《みほと》を焼かれて死ぬ。神の世から去って黄泉《よみ》の国の女王となる。

美人の妻を失った夫イザナキは、ギリシャ神話のオルフェウスのように暗黒の冥府へ彼女を探しにゆき、そこでイザナミのたのみを無視して灯をつけてしまう。闇の中から全身にうじがたかり、八つの雷がまとわりついているおどろおどろしい姿が浮かぶ。

女神は怒り、離婚を宣言し、二人の間に大戦争が起ってしまう。女神側の軍団にはアメノシコメという世にも恐ろしい女指揮官がいて、その強さにたまりかねたイザナキは命からがら逃げのびるが、そのとき男神を助けたのは、ぶどうの実の霊力、竹の子の霊力、桃の実三つの霊力だった。

これはいわば小グリーンマンたちであるが、こうして日本の神話にグリーンマンの光をあててみると、また新しい魅力がつきない。

神楽は、今ではいつでも見られるものではなくなってしまった。残念なことである。しかし、おかめのお面は今でも多くの人びとが知っているだろう。彼女の身元をさぐると、アメノウズメノミコトへたどりつく。彼女こそ最もすばらしい霊力の持ち主、舞踊手、食物の神だった。シャーマンの元祖である。

イザナミが生んだ神々の中でも太陽の神アマテラスオホミカミは、その弟スサノヲノミコトと並ぶ貴神であるが、弟は荒ぶる神であり、姉神に対して強暴なふるまいをくりかえした。

あるとき生き馬の皮をはぎ、その血まみれの馬の皮をアマテラスの機織場に投げこんだ。その衝撃で助手の織女が死ぬという事態に、とうとう太陽の神は我慢ならず、天の岩屋の中へ逃げこみ戸を閉めてしまった。世界は太陽を失い暗黒の中におかれ、災いと悪とがはびこる。神々は相談の末、アメノウズメに頼み、その舞の力によってアマテラスを岩屋から誘いだすことにする。

直径八寸以上の鏡には霊力があると信じられたたし、玉や曲玉《まがたま》、それを通すひもにも同様な力があると信じられた。真賢木《まさかき》を根こそぎにし、それらの品々を飾りつける。マサキノカズラを髪につけ、手には小竹の葉を持つ。これらは切りとった植物でなく、根がついていることに注意しなければならない。

古代には「髪」という字をくさと読んでいたほどで、髪の毛と植物には深い縁がある。また、女性の髪の毛には強い霊力があると信じられ、そこに花や草木をさしていっそう霊力を高めることが「ウズ」の意である。アメノウズメとは、そういうシャーマンの、岩屋という胎内にある太陽の産婆役でもあった。お産の部屋では現在でも切り花は法度である。

ウズメは両の乳房や前もあらわに舞う。この姿にも実は霊力があるのだ。後に天孫を先導して降るとき、サルタヒコという天狗のような怪神が道をふさいだときにも、乳房をあらわして荒神の彼を懐柔したのだった。

ウズメの舞に神々は楽（あそび）、神々は咲（わらう）。「われ以外に人びとに幸福を与えるものなし」と自負していたアマテラスは、外の歓声に、ふと戸のすきまからのぞき見る。その瞬間タヂカラヲの神が全力で太陽の女神を外につれ出し、世は再び光をとりもどす。

オホゲツヒメ殺人事件はこのあとに起る。世を混乱におとし入れた元凶はスサノヲだ。彼は裁かれて高天原《たかまのはら》の楽園を追放されることに決まる。その出立の直前、姉神にもあたるオホゲツヒメが食事をこしらえる。ところがその材料は、彼女の鼻、口、尻から出た汚いものだった。それをスサノヲが見てしまったからたまらない。怒り狂って彼女を殺してしまった。

ところがオホゲツヒメの死体から、頭にかいこが、目には稲が、耳にはあわが、鼻にはあずきが、女陰《ほと》には麦が、そして尻からは大豆が茂って、これが後の世の人びとを養う重要な糧となる。まさにグリーンマンそのものだ。

ヨミの国のイザナミノミコト／阿伊染画

【6】東洋のグリーンマン

東洋でもインドや東南アジアでは現在もグリーンマンが生きている。まずはジャワ島に伝わる次の昔話から見てみたい。

「昔、ティスナワチという美しい妻を持つ男がいた。妻はまだ十四歳だったが、家僕のカラクマラングがこの可愛い幼妻に横恋慕し、あげくのはてに強姦して殺害してしまった。ところがあとでこの妻の亡きがらには、頭からココナッツ、歯からきび、両掌からバナナ、そして膣から米が茂ったのである。犯人の男は罰で豚に姿を変えられた。激怒した夫はこの豚を殺す。その豚の死体から呪いの疫病と災害というものが生まれ、今もって世にはびこり人々を悩ますのである」

またミンダナオにはこんな民間伝承がある。「昔、神がおられて、人間の男と女を造られた。二人は結婚し子供をもうけたが経験がなく、どうやって食事を与えたらいいのかとまどっているうちに、その子は死んでしまった。ところが、あとでその亡きがらを見ると、まずへその緒から米、腸からさつま芋、つめからアリカナッツ、歯か

ジャワの民間伝承に出てくるティスナワチ。
殺されて死体から食物の芽が出た。阿伊染画

らきび、脳からライム、骨から澱粉のとれるカッサバそして耳からキンマの葉が茂り、後に人々を養う糧となった」

これはまるで前に述べた日本のオオゲツヒメの死体の頭、目、耳、鼻、女陰《ほと》、尻からそれぞれかいこ、稲、あわ、あずき、麦、大豆がなり、人々を養ったという話の姉妹編のようである。

以前オックスフォードに住み研究を始めて以来、友人となったジョン・ピューズイ博士は、インドネシア文化に造詣が深く、ガムラン音楽や工芸にもくわしい。むろん彼は英国の古代文化にも通じていて、毎年わたしを原始時代の遺跡やケルトのゆかりの地スコットランドやウエールズに十日間、二十日間と連れていって、研究を共にさせてくれる。そういう人だから東南アジアについてもこちらが教わってしまう。二つのグリーンマンの話も実は、博士が所蔵している本、スマトラ出身のスィリ・オウン女史が著した『米の本』にあったものである。

日本のグリーンマン伝説は、古事記や日本書紀に豊かに描かれている。これらの書物は戦時中は神話ではなく皇国史として学校で習わされ、戦後は「嘘」として占領軍によって学ぶことを禁じられた。それらの文献の中に、古代の他の文明と共通する重要な問題を、グリーンマンを通して見つけることができる。

東洋のグリーンマンは中東、インド、中国など文明の発祥の地に多く見られる。これが独自のものであるか、一つの源から広がったものであるかに関する研究は、まだ出発点に立ったばかりである。これらはシルクロードを通り、仏教と混ざって日本へと、何百年間もの間に幾度にもわたる波として入ってきたと私は考える。

たとえば日本の仏教で最も親しまれている観音さま。観自在菩薩はインドのグリーンマンである。よく女性の姿で知られているが、実は性はない。というより、悟りの境地に達し、性をのり超えた状態といえる。

観自在、即ちその姿が幾通りにも変化《へんげ》し、その中の一つが葉衣菩薩《ようえぼさつ》になる。観音菩薩は人間だけを救うのではない。三千大千世界即ち宇宙のすべての幸福を念願している。葉衣はその装いが緑の葉なので、外観からしてもまさにグリーンマンである。そして地球に植物を栄えさせ、人々にも恵を与える。

一九九二年にケンブリッチで催した個展を、二人のマレーシア人が訪れた。わたしのオホゲツヒメの絵を見て、「これはマレーシアにもある聖像だ」というので「えっ、それで名前はなんというのでしょう」と逆にたずねたところ、一人がペンをとって

「観自在」と漢字で書いてくれたので二度驚いた。彼の地では稲をはじめ穀物を豊かに恵み、健康とお金をも与えてくださる貴い神なのだという。

仏教は中国を経て日本へ渡ったので、名前も漢字で入った。観音と正反対に恐ろしい形相の阿修羅も有名だが、これも非常に古い時代には善なる性質もあった。イランの方ではアフラ・マッダとして拝火教の神と同一視されるが、インドでは仏と反対の魔形をとらされた。

敦煌《とんこう》の壁画に見られるものはそれほどこわくなく、風神と雷神を伴っている。この二神は災害をもたらすが、一方これなくしては稲は実らないので、食物を与える神でもある。

阿修羅は西洋におけるグリーンマンと同じように、仏に服従してから辟邪《へきじゃ》の神として仕える。奈良興福寺で有名な天平の阿修羅像は三面六臂《さんめんろっぴ》の美青年像である。この三面を持つ神は広くヨーロッパでもグリーンマンの一方の特徴でもあり、非常に重要なことである。

わたしがこの春グワンジー島で見た数千年以上前のものとされる三面の神も、太古において阿修羅像と共通するものとして研究が進められている。極東からヨーロッパまで広がるこの神の形は、これからもっと追求しなければならない。法華経の中では、阿修羅も実は観音の変化なのだと説いている。チベットの曼陀羅《まんだら》図の上部にはガルーダが目立っている。龍を喰いその龍が華麗な植物となっていて、鳥類の王、怪鳥迦楼《かる》羅《ら》であり、これも観音の変化で辟邪の働きをしている。

中国の伝説上の炎帝は神農とも呼ばれ、植物を育て人に農業を教えるグリーンマンである。似たような神で地皇というのもある。どちらの神も、体を柏の葉でおおっている点で、ヨーロッパのグリーンマンとの関係を調べてみたい。

神農。雪舟作「寿老図」の部分（1502年）
ボストン美術館所蔵／阿伊染模写

【7】葉守《はもり》の神の系譜

英国に住み、グリーンマンを知って大きな喜びができたが、それでは日本にも同じようなものがあるのだろうか、ということが、わたしの最大の関心事となった。まず、古事記におけるオホゲツヒメノミコトがそうだと思い、銅版画の制作にとりかかった。ある日、ふと岩波文庫の『枕草子』を手にした。たしか清少納言が、いろいろな木について、ふたことみこと例の調子で語っていたはずだ。四十段目の「花の木ならぬは」にたどりついたとき、私はどきりとした。

「柏木《かしはぎ》、いとをかし。葉守《はもり》の神のいますらんもかしこし。兵衛の督《かみ》・佐《すけ》・尉《ぞう》などいふもをかし」

こうした感想は、この才女が次の和歌を知っていたからなのだ。

「柏木に葉守の神のましけるを知らでぞ折りし祟《たた》りなさるな」

ギネスの酔いも手伝って、思わず一人でバンザイーと叫んでしまった。この和歌が収録されている『大和物語』は、十世紀半ばに成立したものだという。後選和歌集に

「葉守の神」源氏物語の「柏木」は葉守の神とのゆかりが深い。阿伊染画

もこれと似た和歌があった。

「ならの葉のはもりの神のましけるをしらでぞ折りしたたりなさるな」（藤原仲平）

「ならの葉の」という語が非常にうれしい。英国のグリーンマン思想において聖なる位を持つオークの木は、日本では、ならないし柏にあたるのではないだろうか。一般にオークの訳語とされる「樫《かし》」は違う。どんぐりこそなるけれど、樫は、オーク、そして、なら、柏のような落葉広葉樹ではない。柏こそが英国のオーク、グリーンマンと重なるのだ。

兵衛の督・佐・尉とは英国でいえば、あの赤い服を着たバッキンガム宮殿の衛兵たちのことで、将校クラスにあたる。草木を守る霊木の考えが転じて、王宮や皇居を守る近衛兵をあらわすようになっていったのだ。

一方、清少納言と同時代人の紫式部はいかに、と『源氏物語』をひもといてみると、ここにもあった。「柏木の巻」がそれである。柏木という青年貴族は、光源氏の妻である女三の宮と不倫してしまう。薫という子が生まれる。その事件にまつわる複雑な経緯が、紫式部によって描かれている。この柏木の職業が、近衛兵の将校なのである。何という用意周到なる権威であろうか。グリーンマンを知らなかったら、柏木が不倫したな、ぐらいで軽く読み飛ばすところだった。

葉守の神は、その後しだいに忘れ去られ、現在においては日本の神道の神に数えられておらず、「神典」にもその名は載っていない。どこへ行ってしまったのか。私がグリーンマンを日本語に訳すとしたら、これほどぴったりの言葉はないと思うのだが、死語化した単語を使うのもどうかと思って迷っている。

一昨年、生まれ故郷の岩手県北上へ里帰りし、兄を訪ねた。宮沢賢治にあこがれて地質学者となった兄は現在、市の文化財保護の仕事についている。その兄に「葉守」の話をしたところ、興味深いことを教えてくれた。

家の川向こうの横川目というところに、しめ縄をまわした、なら柏の神木があり、昔から村人にあがめられている。そのすぐそばに原始時代の遺跡もあり、地質調査をしたという。兄の車に乗せてもらって、現地近くで降り、深い残雪の道をこぎつつたどりつく。鳥居と御堂が二つ、そしてその右側に松の木と合体したなら柏がのっしりと立っている。

常緑のつたがからまり、そこだけ見ると、英国で見かけるオークにアイビーのからまった姿とそっくりではないか。平安時代にすでに都びとが神の木であることを忘れ、うっかり折ってしまったけれど祟らないでと祈った柏を、わが村人は現在も神としてあがめているのである。

神木の近くは、ブルトーザーですっかりならされ、広い田んぼと化している。広い田んぼの中に、耕作機械の使用をじゃまするかのように、ぽつんと柏の木が残されている。そこの田の持ち主の頑固なおじいさんが、たとえ機械化農業のじゃまになろうとも、おれが生きているうちはこの柏は切らせねえぞ、とがんばっていた。

神木のあるところから宮沢賢治の花巻は、すぐ近くだ。このあたり一帯は、昔は広大な原生林だった。わたしも幼いころ、キノコとりに行ったものだ。柏林と呼ばれる一帯もあった。賢治はこのあたりと近くを流れる和賀川が好きで、その風景を詩にしている。

彼の『かしはばやしの夜』は、こういう環境から生まれたのだろう。横川目には軽便鉄道も通っていて、賢治はそれをよく利用したそうだ。

もうひとつ、いいことがあった。ここから南へ下った一ノ関の方にある名山として名高い栗駒山のふもとに、やはり柏の霊木があり、人びとは今でも拝んでいるのだ。初夏になると、この山肌の残雪が白馬の形になる。昔から人びとは大切な家族の一員としてこの馬の健康を祈った。

英国に戻ってグリーンマンやケルト文化を研究している友人らに、これらの発見を語ったらびっくりし、感激してくれた。オークとホワイトホースといえば英国のグリーンマンの命である。

そしてまた日本のみちのくにも、同じような祈りの形がある。それは単なる偶然なのだろうか。


岩手県北上市和賀町横川目「神として拝されるナラカシワ」／阿伊染画

【8】モリスから漱石へ——ユートピアの水脈

ウォンドル川へ来て見ると、このロンドンの南のテムズの支流に今も水車がゆったりと回っている。淀みは満々として水底にうぐいが光る。なめらかな水面に柳の影が映え、にほ鳥の親子がせわしなくたわむれている。

一八八一年に、水もよし眺めもよしと妻ジェインに手紙で知らせ、ウイリアム・モリスはこの川のほとり、マートン・アビイに共同でデザイン工場を設立した。

モリスの「レッサー・アート（小芸術）論」は、普通の名もなき工人こそ芸術をなすのであり、王侯の殿堂を飾ることに奉仕する美術よりも、民衆の側にある工人の、単純明快にして使用の目的にあった力強い工芸品や、中世の伝統を受け継ぐ装飾や絵画、彫刻の方がまさるという革命的理論だ。これこそ近代美術理論、特にデザインの元祖であろう。後世ドイツのバウハウスやアメリカのマサチューセッツ工科大学に受け継がれたこの思想は、現代デザインの発想に組み込まれ、発展していく。その源流がここアビイ・ミルズ即ち修道院製粉場のほとりだったのだ。

モリスのコレクション「木透し彫り」。オックスフード州旧モリス別荘、ケルムスコットマナー蔵。阿伊染撮影。

それからおよそ半世紀もして、岩手県の一青年教師が、生徒を前に丸一日モリス論を力説したり、はたまた羅須地人協会をつくったりする。宮沢賢治である。彼の「農民芸術論」は、モリスの「小芸術論」の延長線上にある。

賢治の教えを受けた生徒の多くが、十数年後には隣村の小学校や中学校の先生となった。敗戦後の教科書もない教室で、亡き賢治先生の理想を情熱を持って語り継いだ。賢治の詩集『春と修羅』に実名で登場する佐藤伝四郎（後に結婚して山田姓となった）さんはわたしの父の友人で、わが家を訪れては、囲炉裏端にあぐらをかき、赤々と燃える薪の火に頬を染め、ドブロクをすりつつ――これは賢治先生の教えに多少背くが――わたしたちにその真心を語ったことがまるで昨日のことのように思い出される。

モリスを慕って、オスカー・ワイルド、バーナード・ショー、果てはクロポトキンなど続々と世界の人士が集まり、思想を練る。マルクスの娘エリノアの協力もあり、英国初の社会主義者同盟を創立した。この会員証の図案がオークであることは注目を要する。

これに比べて、宮沢賢治は協会の運動にも挫折し、無名のうちに三十七歳の若さで世を去った。しかしまたモリスのマートン・アビイ工房も、百余年後にはただのレンガの廃屋となり、転じてパブとして今日にある。

モリスが尊敬してやまなかった先人に、偉大なる詩人画家ウイリアム・ブレイク（一七五七～一八二七）がいる。グリーンマン→ドルイドの画家である。『エルサレム』という版画詩集一つとってもその消息はうかがえるし、他の多くの作品の中にもグリーンマンへの傾倒が秘められている。ロンドンのテイト・ギャラリーの特別室に行けば、それを確かめることができる。

「宗教は一つに帰する。一粒の砂に宇宙を見る」などといったブレイクの言は、宮沢賢治の世界にそのまま通じる。ちなみにブレイクは、シェイクスピアからも霊感を得ている。ここで詳述する余裕はないが、この劇作家も、実はグリーンマンを重視していたのだ。『真夏の夜の夢』はそれを証明する好例といえる。

ブレイクやラファエロ前派の画家は、シェイクスピアを格別に愛していた。一例を挙げれば、エバレット・ミレーには「オフェーリア」という名作があり、テイト・ギャラリーで展示されている。オフェーリアは小川に浮かび、花を持ち、歌いながら苦しみなく流れていく。死にゆく時、体は自然と一如となりグリーンマンとなる故、岸辺の草木や花や水草を画家はあえて克明に描いた。モデルの女性はロセッティの恋人となり、二人はテムズ川のほとりチェルシーの旧トマス・モアの家に住んだ。

話かわって一九〇一年八月三日、夏目漱石はこのロセッティの旧居を訪れ、また河辺にある彼の記念像も見ている。三日後、個人教師クレイグ先生に、自作の詩を見てもらったところ、「ブレイクに似ているね」と言われたという。

帰国後四年ばかりして、漱石は『草枕』を発表する。あの有名な書き出しは、田舎の中学生だったわたしも口ずさんだものだ。作者の分身とみられる旅する画工（絵描き）が、「非人情」を称えている。土地の人が多少狂人と見なしている美人、那美さんという人と温泉で巡り合うのだが、彼女は「苦しみなく、流れ死にゆく姿」を描いてほしいと画工に頼むのである。水には椿の花を浮べてほしいという。

このイメージにはあのミレーの「オフェーリア」が重なる。モリスとともに漱石が愛読した英国の詩人スインバーンも、ある書の中で、女性が水中で苦しみなく死ぬ様子に触れている。那美は、イザナミの名だ。

『草枕』には「あらゆる春の色、春の風、春の物、春の声を」精気として毛孔から染み込む「名状しがたい楽しみ」という、まるでグリーンマンがのり移ったかのような言葉も見られ、わたしははっとさせられたものである。

一九七〇年代に北軽井沢の山中で、もう十一月だったが、冬の中ただ一人で『森』という作品を書こうとしている野上弥生子先生に会ったことがある。穏やかで親切なお姿であればあるほどに、神威迫るものがあり、この時の先生をイメージして「杜《もり》の姥《はは》」という油絵を描いた。

今にして思えば、野上先生こそわたしが初めて出会ったグリーンマンだったのだ。先生の作品や人生は、漱石のそれを継承しているように思われる。現に『ギリシャ・ローマ神話』の訳書があり、大正二年（一九一三年）にはケルトのドルイドに関する研究書を発表し、その本の序を夏目金之助（漱石の本名）が書いている。

いわゆる漱石山脈の男性の弟子にはそうしたグリーンマンの流れは見当たらない。漱石の言葉の中で私が最も愛するのは、「ドングリ感」という不思議な一語である。

【9】よみがえる自然神

ロンドンの名所セント・ポール大寺院には、年間数百万人もの善男善女が訪れるというが、その力はやはり、原始時代以来のこの国の神グリーンマンと関係がありそうだ。開山が六〇四年ということは日本の法隆寺よりも古い。幾度も災害にあい、ロンドンの大火の後、一六七五年に大建築家サー・クリストファー・レンによって再建が始まり、大ドームを頂く現在の姿となった。再建場所によくぞあの場所を選んだものだとレンの学者としての烱眼ぶりに感心させられる。現寺院は、ルットゲイトの丘の上にある。

「ルッド」というのはグリーンマンとゆかりが深いブリトンの神で、実はこの発音が長い間に民衆の間でなまり、「ロンドン」となった。聖ポール大寺院が建てられた丘は、ルッドの墓のある聖域として古くから人々に崇められていた。ルッドを生んだのは、万物の母神ドーンで、彼女は多くの神々を生み、草木や清泉を司る娘神らも生んだ。シェイクスピアの「リア王」も、ドーンの子の神の名からとられた。伝説によ

【9】 よみがえる自然神

中央の姥像は英国グワンジー島のラ・グランマー(先史時代)。
子を産み育てる力と万物の繁栄をもたらす。阿伊染画

ると、リアの子ブラーンは巨人神で、死後もその首だけでロンドンの辟邪《へきじゃ》の神となったという。

キリスト教はこれらの神々を取り入れ、例えばブラーン神は聖ブランダンという聖者となって方々を旅し、ついには英国に最初にキリスト教を伝えた尊者として、今も祭られている。十一月一日の万聖節はこれらの聖者すべてを祭る日とされているが、本来は英国古来の地元神を祭る五月の春祭りに対応する、冬の納めの祭り日だったのが転化したものだ。

また聖王アーサーは英国で最も尊ばれる王だが、彼の母は女神ドーンで、それゆえに外敵から国を護る力があると信じられ、伝説が伝説を生んだものだ。アーサー王のまわりに、円卓の騎士をはじめ多くのグリーンマンが集っているのもうなずける。

日本のイザナミの神、観音仏、英国のドーン母神、人類の祖イブなど、母神は時代をさかのぼるほど尊ばれ、力もあったと神話は伝えている。考古学上の調査結果でも、世界中で発掘された先史時代の人間像のことごとくは女性像で占められ、男性像は非常に少ない。その理由として、子を生み育てる力が、動植物をはじめあらゆるものの繁栄と豊穣をもたらすと信じられてきたためだろう、というのが一般的な解釈である。

事実、日本の土偶にしても、西洋各地で出土する石偶にしても、必ず乳房と女性性器が刻まれている。より文明化した時代には、ギリシャのアルテミス母神のように、乳房が十個以上ある神像すらある。さらに時代が下ると、女性神は分業化し、神の娘たちはそれぞれ森林や草花や泉水などを司るようになる。作物を育てる農業の女神など、いわば女神における進化論的な展開がなされたのである。

しかし富の蓄積が始まり、貧富の差、力の差が大きくなると、戦闘的な男神が活躍しはじめ、グリーンマンのような平和的な女神は力を失う。女神の中でも、勝利とか金運を担当する方面の神がもてはやされる。ブリトン島でも、ケルヌンノスとかギデオーンといった武力、技術、金銭などに御利益のある神が栄えるようになる。

神々を祭り、詩を愛し、自然を守ることを教えてきた聖職者らも、この流れには逆らえなかったのだろう。「ドルイド」といわれる聖職に就くと、税金も兵役も免除されるので、親は子供に早くからものすごい受験勉強をさせている、とシーザーは『ガリア戦記』のなかで報告している。一方で、森や泉など自然の神域に対する人々の関心が薄れ、杜は荒れている、とも記されている。二千年以上も前の話である。

ブリテン島は、ローマ帝国の八百を超える大船団の襲撃に、ついに抗しきれず敗れた。ある者は大切な親族を人質にするからと許しを乞うたりもしたが、大方は滅ぼされてしまった。しかし、不思議なことにアイルランドの地にはローマは手を出さなかった。貧しい土地と見誤ったのだろうか。実際は、オークに覆われた、黄金も産する豊かな文化の地であった。

アイルランドで生き延びたケルトの人々は自力でキリスト教を理解し、やがて聖コルンバン、聖コルンバーヌスなど偉大な指導者を輩出し、五世紀から十一世紀にかけて修道院文化を築く。古代からのグリーンマンの思想とキリスト教を両方生かしたのだ。この融合の方法こそ現代人にとって貴重である。

十一月初頭、北アイルランドのアルスター大学で絵の展示と講演をしたとき、現地の歴史学者N・ハミルトン氏に会って話を聞いた。「アイルランドではこの時代を黄金時代と呼びます」とのひとことに感動した。またある大学院生は「大昔この地はオークの大森林で、人々は地上を歩かずオークの上を歩いた、と幼い頃から聞いています」と話した。

その後、バイキングが黄金を奪い、英国の大産業革命がオークの林を製鉄用木炭として持ち去ったのである。コークスはオーク品切れのために発明されたのだった。

アイルランドで、キリスト教説話に取り込まれた何百もの古代伝説は、我われの研究におけるグリーンマン解明の鍵を握っている。
現在のグリーンマン研究は、一九三九年に雑誌に特集記事を発表したレディ・ラグランから出発する。一九七八年、カサリン・バスフォード著『ザ・グリーンマン』が発表され、研究が確立された。それは中世文化芸術の研究だけでなく、今日の地球環境問題への解答を与える書としても重要なものだ。

聖ブリギット像。アイルランドではグリーンマンが習合して通常の植物合体形をとらない。阿伊染画

【10】地球神が目覚めるとき

英国の太古の神グリーンマンは今も生きている。これが私の結論だ。この連載で紹介してきたように、同じ神は古今東西に遍在する。わたしは英国で遭遇したが、どこでも、誰でも、求めればこの神に出会える。世界の文明の発生地では、古くからグリーンマンをそれぞれの民族固有のかたちで宗教へと高めていった。

グリーンマンの定義をおさらいしてみよう。

一、植物を創造する。

二、植物と一体となり、力を発揮する。

これは、どの宗教のグリーンマンにも共通する。

例えばアイルランドには創世の神話はないが、かの地の民が上古に他の地から渡ってきたことを伝える神話がある。その中で「私は最も美しい植物である」と、グリーンマンたる聖者ドルイドをして言わせている。

日本の古事記でも、はじめに生まれた春の神は、ウマシアシカビヒコヂという葦の

「オークの花の女神」 ふくろうに変身するアイルランド伝説。個展広告パネル。阿伊染画

芽の神霊のグリーンマンだった。旧約聖書では、大地、植物、動物、そしてアダムが創られ、最後に彼の体から女が創られる。するとアダムは「すべての生き物の母」という意味で彼女を「イブ」と呼ぶ。すなわち、イブもグリーンマンであり、母神なのである。

ちなみに、この場面を描いた十九世紀の画家G・F・ワッツの『これを女と名づけよう』という傑作は、ロンドンのテイト・ギャラリーで来年（一九九八年）の一月四日まで開催中の「英国の象徴主義」展で見ることができる。ロセッティを始め、私がこれまで指摘してきた十九世紀の画家たちのグリーンマン志向を証明するものだ。

英国、アイルランドのグリーンマンを語るとき、欠くことのできないのが妖精の幻想境である。大人も子供もひたってしまう世界だ。

シェイクスピア、モリス、イエイツといった作家・詩人や、ブレイク、ターナー、バーン＝ジョーンズといった画家たちから妖精を奪ったら、干からびてしまうだろう。木、草、花、水、空をつかさどる妖精は、神や女神などよりも軽やかに人々を夢や色彩や音楽の世界にいざなう、小さくて透明なグリーンマンであり、ブリテンの島々に今も息づいている。「庭の千草」の名曲は妖精から教わったといわれる。

現在、ロンドンのロイヤル・アカデミーではヴィクトリア時代の妖精画展が開かれている。なかでもJ・A・フィッツジェラルド作の「エーリエル」は、その前で多くの子供たちが模写をするほどの人気だった。この空気の精エーリエルは、腰から下が半透明の美しい花、つまりグリーンマンとして描かれている。この妖精が住めないような世界にしてはならないと思う。

宗教が肥大化すると、必ず政治や経済、軍事と結びつき、人間に不幸をもたらす。救済どころか支配と弾圧の拠点にすらなる。すると民衆に、原初のグリーンマンに回帰しようという願望が生まれる。インドの釈迦はその一例であり、彼は王への道を捨て、大白蓮華となって民衆を救わんとし、またイエスは神の子の座を離れ、真のぶどうの木となって民衆のために十字架についた。

大宗教に圧迫されたグリーンマンはどこへ行くだろう。ある者は森に隠れ山人、山姥となった。一方服従した者は、寺院や神殿や宮殿などの辟邪神《へきじゃしん》となってゆく。

現代にあっては、神殿や王宮を守ることよりも、地球全体やそれを覆う空気、水を守ることがグリーンマンの急務となっている。すべての生き物の母なるイブが安心できる世界をもう一度という、宗教の原点に立ち返る必要があるのだ。

先ごろ惜しくも急逝した、グリーンマン研究家・詩人のウィリアム・アンダーソンは、写真家クライブ・ヒックスと共に『グリーンマン』を著した。デンマークで発見されたケルト文化の遺品、ガンデストロップの大鍋に見られる鹿の角を持つケルヌンノスの神像を、アンダーソンはグリーンマンと見て研究していた。

オークの大森林が鹿などの草食動物を育て人間や他の肉食動物を養う。鹿は、極東の日本から極西の英国まで分布するグリーンマン信仰を解く鍵である。鹿は中央アジア一帯で隆盛したスキタイ文化とも密接な関連があるし、インドではシャカ族となったという伝説もある。仏典の法華経の大乗という悟りの境地は、鹿の引く美しい車に例えられる。北欧のサンタクロースのトナカイが、幸福のソリを引くことも鹿の働きを大いに証明している。

日本の東北、岩手の花巻には、宮沢賢治の「鹿踊《ししおどり》のはじまり」で知られる聖なる鹿の踊りがある。踊り手は、鹿のかしらをかぶり、「たとえ　天じくから岩がくずれかかるとも　心静かに　遊べ友達　遊べ友達」と称えつつ踊る。実際にはその声は、勇壮な太鼓の音に打ち消されて誰にも聞こえないが、踊り手と鹿と神とが一体となってグリーンマンとなるのだ。

平和と豊穣を得た喜びの境地には、神や仏、動物と植物、あるいは山も川も海も空も楽（あそび）そして咲（わらう）のである。

我が師カサリン・バスフォード先生は、中世の異様な葉文の顔の研究に始まり、人類の根源を究明しようと何十年間にわたり研究を続けている。先生の業績は今年（一九九七年）一月、タイムズ紙で絶賛された。生物学が本職の先生は詩人でもあり、モリスや宮沢賢治を深く理解している。平和を希求し、核兵器廃絶を唱える先生は、自らグリーンマンと化している観すらある。

英国ではこうした呼びかけに共鳴し、多くの人々が宗教・思想の枠を超えて活動している。詩人のスーザン・ローリーは、詩と造型によりグリーンマン思想を伝えている。またベル・ムーニーとヘレン・カン著『ザ・グリーンマン』の絵本は、この若い二人が地球の絶望から子供らと共に明日を拓こうとする努力の結晶として輝いている。

本書関連地図

セント・アンドリュース
グラスゴー
エジンバラ
ホーリー・アイランド
（リンデスファルン福音書がつくられた島）
ニューカッスル
ダーラム
ヨーク
マンチェスター
リバプール
チェドル
リンカーン
ノッテンガム
ダービー
グランザム
（K・バスフォード生地）
ワーウィック
ケンブリッジ
オックスフォード
ハーフォード
ケルムスコット
カーディフ
ロンドン
カンタベリー
リーディング
バース
トッティング
レッドハウス
ドーバー
ソールズベリー
ウィンチェスター
デヴォン地方
ブライトン
セイント・アイヴィス
エクセター
コンウォール地方
プリモス
ペンザンス

Ⅱ　グリーンマン気圏

【1】葉守《はもり》とグリーンマン

◆ロンドンの下町にみる葉文

神さまは我われを禍から守ってくださり、さらには子孫の繁栄とか豊かな生活を与えてくださるというのでありがたい。ここまではすべての宗教においても共通ではないだろうか。これ以上になるとそれぞれの教えがわかれ、和を説きつつも闘いの神仏となったりする。私は本当の神仏は恵みに対する報酬をとらない。何か宗派とか組織とかに人を引きずりこまない。したがって人間に上下をつけない。すべてのものの和を求める。それで見わけていけばいいのではないかと妹らにいったことがある。それは今でも変わらない。

私の家ではそういうものとして「かくし念仏」というものがあって、東北の農民や職人らが発展させたものだ。と、ある日、英国人の友人アレックス・ワイルドウッドさんとそのおくさんセランさんにいった。ただしこれは江戸時代に邪宗とされて、当時秘密に信じていた。ということを語ったら、この友人らは英国にもあるといって、「グリーンマン」

というものを説明してくれた。一九九〇年だった。

グリーンマンというのは一九三九年にレディ・ラグランという人によって英国の雑誌『フォークロア』に問題提起されたのが最初であり、それからずっとたって一九七八年にカサリン・バスフォード女史によってまとまった研究が『ザ・グリーンマン』という本になり、研究の成果が世に問われ、ここにグリーンマン学が確立された。普通英国人研究者はキリスト以外を神としないので、グリーンマンを「人」あつかいにする。しかし我われのように多神仏をあがめることのできる立場から見ると、明らかに大きな神であるし、しかも今のところ特定の神ではなく、いろいろな神がグリーンマンの形をとっているといった方がいいと思う。その特徴がある。
一、頭部の髪やひげなどが植物となる。
二、口、鼻、目、耳などから植物を出している。あるいは吸っている。
三、体が植物になる、植物から人体が出る。
レディ・ラグランが発表した年はヨーロッパにおける第二次大戦のはじまった時であり、その後これは研究するどころでなくなったといえる。ドイツやイタリーを敵にまわしているし、ヨーロッパ全土を巡らなければ確認できない仕事であった。カサリン・バスフォード女史はそれを足で歩いて成しとげた最も偉大なグリーンマン学の本格的確立者であった。

今私が住んでいるのはヴィクトリア時代末期に建てられた、典型的な、れんが造りのテラスハウスで、何十軒も続き、また対する側も西暦二〇〇〇年の現在まで同じような状態で続いている。この街区の角地の入口あたりの家の玄関の石柱に、口から、アイビーの枝状のものを吐き出し、それが両ほほのところから頭上までのびて、顔をおおうように彫られた男の面がある。また隣家との境の雨どいのところにも髪やひげが植物となっている男がじっと通りを見おろしている。私の画室から見えるそれらの神さまに毎朝あいさつするのがこのごろのならわしである。この型が古いグリーンマンである。

街区を装飾する目的であれば、あのようなかえって人目につきずらいところにわざわざ石彫をはめこむ必要があるだろうか。ことわっておかなければならないが、この街区はトウティングという所の一般労働者向けの、今でいえば都営住宅的に建てられたものなのだから、そういった石彫りという金のかかるものをつける必要がないのである。日本の公営住宅を見ればわかる。それでも近代建築と称され、最先端を行くものといわれ、私などくじに当るのもあきらめたものだが、ただコンクリートと、鉄柱や鉄板の組み立てである。装飾はないのだ。

ではなぜこのロンドン南西の下街にそういう葉文の人面が七つも八つも彫りつけられたか。それはこれまた私の考えだけれども、英国の民衆は十九世紀まで中世だったからであ

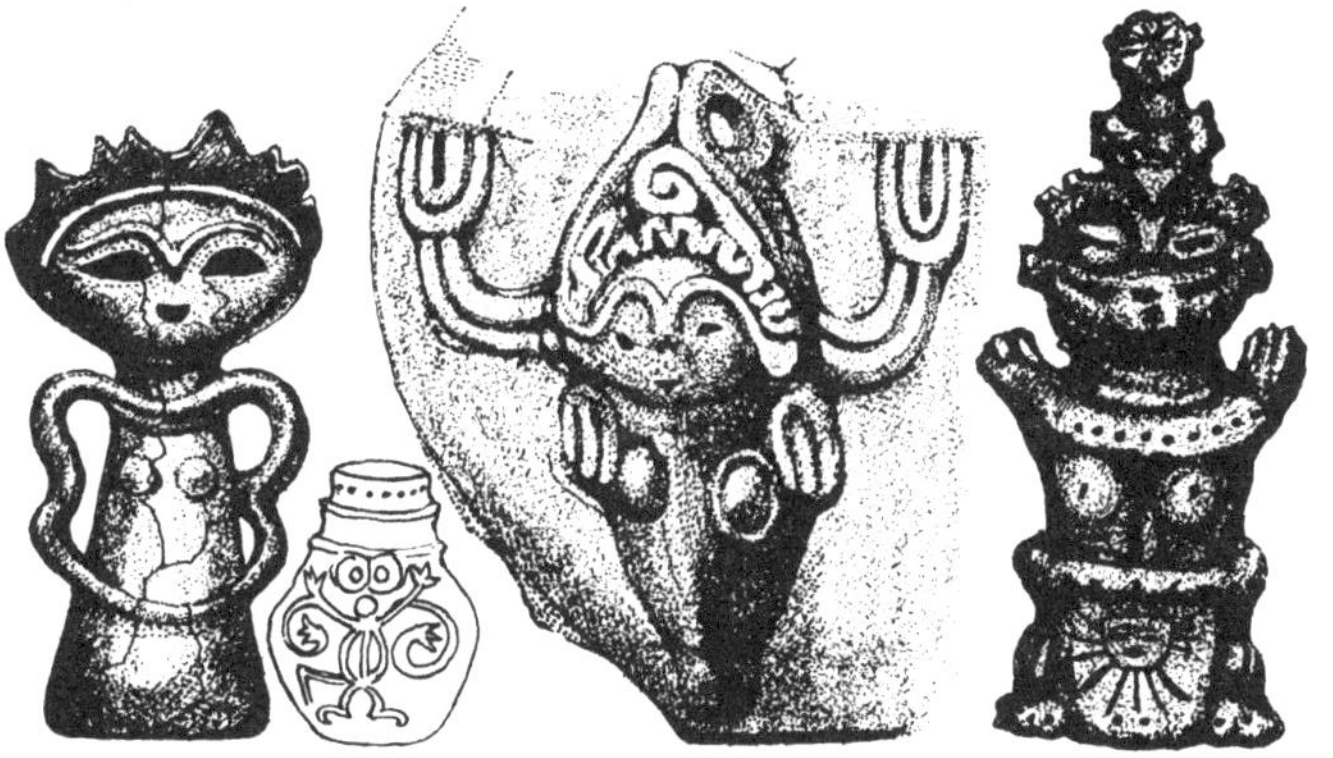

（左）インドネシアの大地母神。（中）日本の縄文土器模様で手がつた状になっている。（右）ベネズエラの大地母神、これらは非常に共通するところがあり、グリーンマンの原形として発す可能性がある。阿伊染画

31 Graveney Road London SW17 OEG England
の画室から見るグリーンマン（1880年） 阿伊染撮影

る。この国は大産業革命をとげ、世界近代化の先駆とされているが、支配的上層の人間がやったことであって、一般の人びとの心の奥までは当時近代化されていたわけでなかった。その証拠がこのグリーンマンである。建てられた街を守る。日本でいえばサルタヒコとかお稲荷さんとかが町や村を守るように同じ心情なのだ。

同時代ロンドンの中心街に建築されたものにもかなり多くのグリーンマンが見られるが、それは上流階級にも装飾としてグリーンマンを作るはやりがあって行われたものも多く、石の質や彫刻技術は非常に上であるが、いわゆる信心があってやったものではないので迫力が欠ける。しかし、今こうして見ている窓の向かい側のグリーンマンこそ、中世以来の伝統を受けついだ英国石工らの素朴な信心のあらわれなのだ。話しついでにいっておくと、日本のサルタ彦もお稲荷さん（これはサルタ彦をも含むお宮である）もグリーンマンである。それは後で語ることにする。

グリーンマンとはオークの木の神ともいわれる。ここでＯＡＫ《オーク》という木を少し説明しておきたい。オークはよく樫《かし》と訳されている。この私も『思想の科学』（一九九三年一・二月合併号）に「宮沢賢治の〝青びと〟そしてグリンマン」と題してはじめてグリーンマンにふれたとき、カシと表現してしまっている。実はオークは英語では、要するに我われがオーク材とかいうときの多数の種類の総称に使われることがあるので、日本の樫もふくまれる。しかしいグリーンマンとかケルト文化について、英国やアイルランドのオークを語る場合には、カシとか樫とかに訳すことはまちがいである。

日本でいう樫の種類は宮城県以南にしか生えることができないのであり、照葉常緑樹だ。椿の葉を細くしたような葉でどんぐりの実がなる。英国やアイルランドに自生するのは、イングリッシュ・オークとダルマスト・オークの二種類のみで、葉は日本のカシワを小さくしたような木である。落葉広葉樹で、日本の樫とは似てもにつかぬものである。もちろんどんぐりはなる。日本のカシやカシワの木が二百五十年ぐらいしか生きないのに、英国のオークは八百年も生きるので、ここから近くのウインブルドンの丘などにはそのような、大人四、五人でかかえられるかどうかという、まさに神木に価する木がある。

日本人の有名人では明治時代に夏目漱石がクラッパムというところに住んでいるときに、「樫」といっている。続いてそのお弟子の野上弥生子が、英国の古代歴史のドルイドの説明において、ブルフィンチの「ギリシャ・ローマ神話」を説明するとき樫とした。大正時代のことである。この二大作家がまちがったので、以下は岩波の『広辞苑』でもオークをカシにしている。最近の若いケルト学者などはほとんどこれに従っている。

しかし、南方熊楠は漱石よりも十年ほど前に英国に渡ったが、彼の厳密な研究態度をよくあらわし槲《かしわ》と訳している。岩波文庫の『金枝篇』を訳した永橋卓介もカシワとしている。吉田茂首相の息子さんの吉田健一はさすがに英国で勉学した人なので、あえて、オークを樫と訳すべきでないといった人だが、現在ますます乱れているのは、学者が実際の木などしらべないからだと思う。さすがに、野上弥生子だけは気がついたらしく、後の著書では槲《かしわ》と訳すようになったのは尊敬に価すると思う。私は一昨年（一九九七年）ロンドンで発表した「グリーンマン考」では「オーク」とすることを主張した。日本で訳出された『グリーンマン』（河出書房新社、ウィリアム・アンダーソン氏とクライヴ・ヒックス氏の著で板倉克子氏訳）では「オーク」としている。なんでもカタカナの英語がはやりすぎるけれども、この場合だけは最適だと思う。

◆グリーンマン学の母

グリーンマンが英国でブームになったきっかけは、カサリン・バスフォード著『ザ・グリーンマン』のおかげであるが、一九九〇年、ちょうど私が英国移住したとき、W・アンダーソンとC・ヒックスの『グリーンマン』が出版され、英国国営BBC放送はドキュメンタリーと、その上戦後「怒れる若者たち」の一派のキングズリー・エィミズの小説『グリーンマン』がドラマ化され、その年の最良のドラマとしてランクされた。このドラマでグリーンマンを演じたマイケル・グラバー氏は私の碁の友人である。それ以後静かなブームになっていた。主演はマイケル・ケインだった。

一九九七年の暮れにK・バスフォード著『ザ・グリーンマン』が再び出版され、もう一度火がついた。しかし残念至極、一九九七年、W・アンダーソン氏と私は会えずに彼は亡くなってしまった。そしてK・バスフォード先生も一九九八年十二月に逝かれたのである。クライブ・ヒックス氏はわたしの個展を見に来てくれ意気投合した。

とにかく、世界中の思想・宗教がいかに盛んになろうとも、この地球上の破壊は続いている。開発の名のもとに、また実際むごいことに地上のあちこちで民族間の争いがたえない。そこで宗教や思想をこえた、ただもう自然と親しみ平和をねがうというものはないかということになり、ここにK・バスフォード先生の『ザ・グリーンマン』が大きくとり上げられだしたのだ。一九九七年の暮れ「ザ・タイムス」紙はほぼ週刊誌一頁以上の大きさの記事で絶賛したのである。

現在英国人は教会へ行くものがへり続け、近く一〇%を切るのではないかといううわさもある。こうした人びとはある場合キリスト教以前に、英国人はどうしていたかを考え、そのころの人間の行為の中に、もっとあたたかい、平和な、自然と人間との調和がなかったかを思いかえす。そうした中で、キリスト教国民としては異教であった、かつての自分たちの祖先の考えを求めてみるのである。現今はケルトばやりともいえるが、ケルトとて大陸からきたものであるから、もっと深いところを求めてみる。そうすると、ブリトンと呼ばれた原住民たちの姿の中に、自然と人間の調和を発見するのだ。

英国にはたとえばユウ（日本のイチイ）という巨木がかなりある。中には五千年以上もたって、ヨーロッパ最高齢の木もある。そしてこれらはたいてい聖なる丘の教会のそばにある。しかしその木はキリストよりもケルトよりもぜんぜん古いのであるから、教会は昔の聖なる丘を借りたか、あるいはのっとったかであろう。そのユウをあがめた人びとの心にかえってみようという試みもグリーンマン追求者にはあるのだ。原始時代のブリトンは日本の縄文時代人がそうだったとみられているのに似て戦争はしなかったと見られている。

グリーンマンが英国の一角にだけあるものであれば、これほど大きな問題ではない。しかし、戦後になり、小柄なカサリン・バスフォード先生が重いカメラをかついで、全ヨーロッパを行脚し、東はトルコまでその存在を確認し、髪がアカンサスになっているディオニソス（バッカス）像としてのギリシャのグリーンマンも見出したので、ほぼヨーロッパにはあるとわかった。誠に先生こそグリーンマン学の母である。またギリシャ文明を形成するもとはエジプトとメソポタミア文明であるから、そこへもグリーンマンはさかのぼれることがわかった。W・アンダーソン氏はK・バスフォード先生の写真や理論を借り、自分の今までの知識を投入してさらに人びとに解説する本を出し、貢献したのである。

私は実はA・ワイルドウッド氏より『ザ・グリーンマン』のフォトコピーを見せられ眼からうろこが落ちた。長いこと古事記を絵にかいてきたが、オホゲツヒメとアメノウズメだけは残っていた。オホゲツヒメは高天原《たかまのはら》でスサノヲが乱暴をはたらき、追放される直前に彼に食事を作った。それは吐いたものなどを材料にしようとしていたのでスサノヲは怒って彼女を殺す。その死体の目、鼻、口そして体から五穀を出し人びとに与えた神である。これをかきたかったので大きなヒントを得、かくことができたのである。そしてオホゲツヒメは神道より古いと思うようになった。

その絵をケンブリッジ中央図書館の画廊で開いた個展会場に飾っていたところ、一人の女子学生がじっと見入ってはなれない。そこで声をかけたところ、なんとカサリン・バスフォード先生のお孫さんだというではないか。彼女はすごい秀才でわずか二十代半ばでケンブリッジ大学の数学の博士となり、同大学職員として、あの神戸大地震のころ二年間、京都大学へ調査官として来日におよんだほどだった。ヘレナ・ヴェレル博士である。彼女はただちに私を紹介してくれたので、カサリン・バスフォード先生自らチェシャー州からの遠路飛行機にのり、ロンドンの私の家へたずねられて一泊され、そしてオホゲツヒメの実作を見て、私をグリーンマン研究の弟子として認めてくださったのだった。

◆『枕草子』にみる葉守の神

私は主として日本や東アジアにおけるグリーンマンを追及しはじめた。そうして日本はグリーンマンの宝庫であり、実際にあがめられ続けている国であることもわかった。また、私の考えではこれまた英国と同じく、神道よりも古くからあるのではないかと信ぜざるを得ないのである。実際インドネシアにもオホゲツヒメと似た神話があることもわかった。「葉守の神」である、ある日、清少納言の『枕草子』を読んでいた。英国にもってきている日本の本は非常に少ないので、そっちの勉強はほとんどできないのだが。「花の木ならぬは」にたどりついた。私はどきりとした。「柏木、いとをかし、葉守《はもり》の神のいますらんもかしこし、兵衛の督《かみ》・佐《すけ》・尉《ぞう》などいふもをかし」といっている。こうした感想は、この才媛が次の歌を知っていたからである。

　柏木に葉守の神のましけるを知らでぞ折りし祟《たた》りなさるな

この歌が収録されているのは十世紀半ばに成立した『大和物語』の中にあるという、後選和歌集にもこれと似た歌がある。

　ならの葉のはもりの神のましけるをしらでぞ折りしたたりなさるな

藤原仲平が作ったとされている。「ならの葉の」というところがうれしいのだ。先にのべたように樫だと東北地方南部から西にしか通じない。この二つの歌だと全国的に通じる。つまり柏やならは北は北海道にも南はどこにでもあるのだ。

英国のグリーンマンもオークの木の中にいるのである。そして人びとを守る。なんという共通点だろうか。私は在英五年をすぎたころから、文化とか肌のちがいにおどろいていたことから一転して、これほどへだたった場所と、人間の外観なのに、むしろ共通することの多さのほうに感動し、最近はますますその度が強くなっているのである。

清少納言ばかりではない。この人と相並ぶ紫式部の『源氏物語』で柏木の巻、あの色男光源氏もついに自分の女をとられてしまう時が来てしまった。可愛い女三の宮が源氏をうらぎって柏木という青年貴族と不倫してしまう。薫という子が生まれる。紫式部はこの事件をもっていろいろな人間関係の綾《あや》をとらえている一方、柏木の職業を近衛兵の将校に設定しているのは面白い。だから「柏木」という名がぴったりなのである。私は驚嘆するほかはない。

数年前しばらくぶりで郷里へ帰り、そちこち自然にひたった。私から見ればここも自動車優先の策がとられ、むら里はアスファルト道路で網の目のようになっていた。実は宮沢賢治は私の隣の町の出身であり、彼はほぼこの町を中心に生き、死んだ。だから、彼の作中にでてくるどんぐりの木としてはならと柏だけで、樫はほとんど見あたらないのである。

それは生活の中に生えていないからにすぎない。彼は「柏野」と昔いわれたところを愛した。私は行って見た。昔の野は一面水田に変じていた。そのど真中に機械農耕に完全に邪魔になるように柏の木が一本あった。村のじいさんが絶対切らせないと一人でがんばっているからだそうだ。また旧横川目村には、しめ縄を巻き、神社も建つなら柏の木があった。私はおそらくそれは縄文時代からのならわしではないかと思う。実際そこの丘からは縄文以後次第に下るさまざまな土器も出ているのだ。私の守役ハギさんの実家柏木家では高橋輝男氏が霊木柏を保持されている。郷里にまだ葉守が生きているのを見た。

『神典』という日本の神道の神々をもれなく集めた辞典のようなものがある。また『仏教辞典』等を見ても「葉守」はでて来ない。清少納言の頃にすでにわすれられ、うっかり柏の枝を折ってハッと思い出すほどにこの神は追いやられてしまった。人間と自然をつなぐ、神はもりは何故ならや柏に住むか。この神は葉を守る神即ち山の神である。私の考えではおそらくこれらオークの木々に生るどんぐりが鍵であろう。オークは地球上のすべての大陸に生え、しかも他の実の生る木とちがって切れ目なく、ほぼ温帯を中心に、南北にも巾広く地球をとりまいて生えている木である。寒い地帯は落葉の、熱い地帯は常緑のどんぐりの木「オーク・ベルト」が海をのぞいて鉢巻きしている。そしてこれはおそらくもっとも動物を養うにふさわしい木の実であり、人間にとって何万年間かは主食といえるものだったにちがいない。

栗やトチなど日本ではよく原始時代の跡から発見されるが、英国やアイルランドではそういうものは原生せず、もっぱらどんぐりが中心であった。どんぐりの林は約四〇〇ヘクタール余で約五百人を養うことができ、実は保存もできる。またこれを餌に育った鹿やいのしし等は大きいものでは一頭で十人が約一ヶ月生活できる。こういう、人間の根本を支えたものだから、何よりも先に尊い神の木、命の木になったのではないだろうか。英国ではこの木の中に万病を治す霊力があるとされていた。

したがって原始時代においては、神というようなものをうっすらと意識したとき、神の伝わってくる木はこの木ではなかったか。古事記や日本書紀でも柏や櫟が霊木になり、各所にあらわれている。また旧約聖書を見ると、創世記十一章六節にアブラハムがモレのテレビンの木のもとに着く、その時主があらわれ「あなたの子孫にこの地を与える」という。このテレビンとはオークの木だという。そして三人の神があらわれる場面など、ことごとくオークの木のそばだと書かれている。またやはり旧約の中でヨシュア記二十四章二十六節に、彼が主の証しの石をおく場面があるが、これまたオークの木の下であると書かれている。何故他の木の下ではいけないか、私は今までにその答えを聞いたことはない。今わかる気がする。

中世の画家で一方ルネッサンスを開いたともいわれる有名なジョットが書いた「聖フランシスコが小鳥に説法する図」を見るとオークの木の下で行っている。思想家ジャンジャック・ルソーは最初のデビュー作の論文を発想するのに悪戦苦闘したが、一七四九年のディジョンのアカデミーの懸賞問題に応募して、『学問芸術論』で第一位となり思想家ルソーが誕生した。彼は「ヴァンセンヌの森のかしわの木の下でのインスピレーション」だったと、その木の下で「錯乱にちかいほどの興奮」をともなうものだったようだ。桑原武夫編の『ルソー』（岩波新書）に書かれていて知ったが重要である。英国最初に社会主義同盟を作るとき、ウイリアム・モリスはその旗じるしをオークの模様にしている。これらのことは偶然ではないと思われてならない。

アメリカのボストン美術館で見た雪舟が描いた「寿老人の図」に柏の葉をまとった老人が描かれており、これはおそらく神農の影響があるかもしれない。また江戸時代の北斎や歌麿がかいた浮世絵で「金太郎と山姥《うば》」がある。山姥は山の神である。その多くは着物の背のもようが柏の葉になっている。これはまさに追いやられた葉守が変身して生きのびている姿にほかならないのだろうと思う。天草島ではこの金太郎を抱く山姥を雛人形に作り、聖母マリアとキリストになぞらえて祈っていた。実にすばらしい考えだ。こうなって来ると柳田国男の『山の人生』(岩波文庫)に現れる山男山姥らは次から次へと木の葉を着た不思議な人物らである。これも私から見れば葉守が変形して生きたもので、仏教や神道が追いやった原始の神の姿なのではないか。つまりここに縄文時代人の葉守がみえるのだ。

神道の方へうまく入ったグリーンマンの例としてアメノウズメをあげることができる。スサノヲが太陽の神を怒らせ石屋《いわや》にかくれさせてしまった。彼女は肌もあらわにして舞いおどり、もう一度岩洞の胎内から女神を生まれさせる。そのときアメノウズメは髪にマサキノカズラをつける。こうして髪に植物をつけることをウズという。彼女はそうしてまさに霊力をもつ、手には小笹をもつ。まわりには鏡や曲玉をつけたマサカ木を根こそぎにして飾る。これらの植物は根のついたままでなければならない。ウズメは助産婦なのだ。現在の日本でも産室に切り花をおくことをゆるさない昔からの習俗はこうして長い間の伝統であることがわかる。アメノウズメはグリーンマンである。

日本の縄文時代の土器には出産をあらわすもの、妊婦の姿勢のものが多い。土偶はほとんど女性形である。これらの中には髪に植物状のもの、つた状のものがつけられ、中には手が葉状になっているものがある。これらのものもグリーンマンの見方でしらべる必要がある。アメノウズメは葉守と神道の神における習合とみることができる。つまり神道以前の世界と神道との橋わたしとしているのだと思う。サルタヒコも同様であろう。

◆日本・モンゴル・ポーランド

一九九七年春一ケ月ばかり英国のチャーネルアイランズのグワンジィ島に遊んだ。そのときラ・グランマーという石像を見た。約四千五百年前に作られたほぼ等身のものである。この島は実によく遺跡管理が行われている。二十四時間無料で古墳が見学でき自由に電灯をつけることができる。なぜかというと、この島は英国であったがナチスに占領されたのである。

島はほとんどフランスに近く、昔ヴィクトル・ユーゴーやルノアールが愛した島で、丘の上からフランスが見える。だからフランスが占領されると同時に同じ憂き目に合った。ところが英国も大へんであったので、この島を救援しなかったというらみが残った。「英国のオキナワだよ」と島の人は私にいった。彼らは解放後六万八千人ほどの人口でスティトとして独立した。英国に対しては全く同等、しかも英本土人はこの島で労働などはきびしく制限される。英国に対する税金も全く優遇と、理想の島にし、通貨、切手なども独自、島独特の言葉を最重視し、それをもって放送もするというやり方である。私は日本も沖縄についてこうするべきだったとつくづく思ったのである。

こういうわけであるから文化施設も英国よりも進んでいるほどである。ここには環状列石があり、不思議議な縄文式のようなつぼも多く出土する。何しろフランスと英国の中間にあったので両方のいいところをとって文化的にも非常に高い。いなかではない。ラ・グラ ンマーは大地の母ともいうべきものである。もっと目鼻のはっきりしない乳房のみのものもある。ほとんど石のみのものもある。これらは英本土のストーン・ヘンジよりも古いかもしれない。いずれケルトが英国へ入るよりも二千年ぐらい古いものである。ここでの考古学はすでに十九世紀から何回も調査され、その結果、ここと最も近い文化的遺跡はなんとポーランドであると報告されている。

一九九八年私の絵が英国内の画家達の「かけはし」という展覧会の巡回国際展に選ばれ、英全土巡回を終って、ドイツそしてポーランドのクラクフ国立博物館に飾られることになった。私の絵の題名は The Milky Ralway「銀河鉄道」であるが、宮沢賢治を「葉守」と私は見ているので画面にはグリーンマンも描いてある。この絵について親しく話してくれと同博物館で頼まれたので話をした。内容はグリーンマンと宮沢賢治についてである。非常によろこばれ、ポーランド人もわかってくれるのでうれしかった。同時にポーランドにおけるグリーンマンについてこちらも関心があった。

故カサリン・バスフォード先生と故W・アンダーソン氏は晩年はともに体が悪く重い病

気だったので、ヨーロッパも前の共産圏はほとんど研究されていない。私はロシアを二千キロの旅をし、多くのグリーンマンを確認した。こんどはポーランドである。ここにも多くのグリーンマンが予想通りあった。ポーランドは考古学的にも先進国である。

日本のアイヌ民族の研究も、これほど古く、広くなされているところを私は知らない。ついでに記しておくけれども、アイヌのユーカラには金田一京助博士の研究のものを見るとどんぐりに霊力をもっているさまがこの大きな詩のほぼはじまりに出てくる。これが重要な鍵となるが、なんと一年前見たグワンジィ島と共通の形をし、こんどははっきりと縄の目の模様そのものがついた土器がクラクフのあたりから多く出土している。さらに当然のごとく環状列石もある。また土偶も多数あり、もし日本の東北地方から発見してもおかしくないようなものも沢山ある。私は思った。ここからモンゴルへ、そして日本の青森県の三内丸山へとつながっている可能性はあるのではないだろうか。

クラクフは幸いにも各戦禍に破壊をまぬがれた世界にも少ない都市のひとつで、歴代の建造物も多く、したがってグリーンマンも多い。また歴史上モンゴルの襲来も受けた地ではあるが、歴史以前のことにおいて、環状列石、石室古墳、どんぐりやオーク重視という鍵が、日本から西のはてのグワンジィ島や英国やアイルランドまでも共通することは想像もつかないことであった。このことをクラクフ大学の学生さんたちにも語り、彼らはおどろいていた。以前北アイルランドのアルスター大学で発表したときも学生さんたちは非常に興味をもった。イングランドのダーラム大学でも、ウエルズのカーディフ大学でもそうだった。今こうしてみると世界の若者たちはグリーンマンや日本の自然の神の考え方に強い共感をもってくれることを私なりに肌で感じとった。

カサリン・バスフォード先生の考えは、中世キリスト教彫刻のグリーンマンにはじめは触発されたことからはじまった。決してレディ・ラグランの論文から入ったのではない。そして歩いて研究した。グリーンマン論を確立したあとも、それが現在人びとが自然からはなれ、心がすさんでいっていること、欧米の近代主義の考えにもとずいては、とにかく人間は「進歩と開発」とかの名のもとに我われの大地・海・地球が破壊されていること、これをくいとめる方向へと進んでいった。長い病床の中から方々へ、親しく発信し、人間と自然との調和を求め、平和を求め続けた、K・バスフォード先生の広島・長崎の原爆に対する哀悼の詩も多い。彼女ははじめ生物学でアンデスにこもって研究し、次いで人間と植物との調和へと進んでいったことはごく納得のいく道である。

私が常に学び心に銘すべきことも、この「奇異な神」を面白く思うことばかりではなく、先生の思想をくみ、続けることである。地球は我われの家なのだ、そこに住む動物・植物・岩石や土・水や空気もきょうだいなのだ。

【2】トーマス・モアの『ユートピア』

◆農業問題を通して政治社会批判

ゆく河の流れは絶えずして、しかももとの水にあらず。

原文はカタカナ書きで、かものながあきら作『方丈記』を習ったのは十五歳のとき一年間で全部勉強した。遅刻、早退、欠席の多かった高校生時代で、これはめずらしい記憶である。この前久しぶりに京都を訪れたとき川ぞいに上ってゆくと、砂防ダム風のものが幾つもあった。名前はわすれたが昔オランダ人が日本の地形について報告し、「日本には河はなく谷ばかりである」と言ったというがあの極端になめらかな地からきて、ライン河のような洋々たる姿にばかり接していた人なら京の鴨川など渓谷に感じただろう。したがって日本の川では水は上から下へと流れて、もとの水にあらざるはずである。

あるとき私はロンドンのバタシー公園に陣どり、午前中から対岸のチェルシー方面を水彩でかいていた。普通は逆にチェルシー側からこちらを眺めるのがこの都市の絶景の一つとされている。したがってそこは金持ちの超豪華な建物が多く世界で最も家賃も高いところとされている。バタシーからテムズ河をはさんで緑の繁みの間に実はかつてのトマス・モアの館だったところを描きたかった。彼はここで『ユートピア』を発想したであろうと思ったのだった。ユートピア国には搾取はない、一日六時間労働、信仰自由、戦争を呪い平和を愛する。これは二〇〇〇年の今でも達せられていない理想国であろう。空想ユーモア小説である。原文はラテン語で書いてルーアンから発表したのは一五一六年、それは織田信長が生まれる十八年も前のことである。共産主義の元祖とかいわれるのもむりはない。モアはアントワープにおいて第二巻に当たる方を先に書き、こっちの方がいわゆるユートピアを書いているが、続いて家に帰ってから一巻目として発表された方を、つまり前段のいきさつを仕上げた。

私が風景写生をはじめてからかなり時間がたち、午後の日ざしが河の波をてらしていた。何をいかるや、テムズが逆流し出した。みるみる水かさが上がり、洪水のようににごった流れが、しだれ柳を川上へひきずり、午前中流れていった大枝もどんどんと上流へ移ってゆく。鴨長明が見たらなんというだろう。

ユートピア第二巻第三章にこの国の首都アモーロート市のことがある。河口から六十マイル（約百キロ）上流にある市だがその水位が潮の干満のためにいちじるしく上下するさまが描かれ、それはまさにこのチェルシーの家からテムズを見たさまにそっくりではないか。河川の研究家によると英国の川は、干満の差による変化がはげしく、それは世界的にも有名で、ある川では逆流する水が毎回津波状になるので、津波の研究家が方々からたえないそうである。だいたいヨットの帆柱ぐらいの差のときも感じられる。小船など横倒しのものをよく見かける。

この落差はかつて着目され、ロンドンの東方に水車何基もおかれた巨大な製粉工場がすでに十七世紀からはじまっていた。有名なスリー・ミルズである。しかし時代が経って電力にかわると、工場は空いた。それが新たにおこった映画の撮影所に使われ、英国における新旧の名作はずいぶんここで撮られている。

実は一九九八年夏、私も名監督マイク・リー氏よりの話で、幕末の書道家役を演じた。初めてにしてはせりふも一言あり、ひとり大写しになった。十九世紀のオペラ「ミカド」誕生に至るギルバートとサリバンの伝記で「Topsy Turvy」という題名で二〇〇〇年アカデミー賞衣装賞とメーキャップ賞の二部門受賞し、ロンドンで大入盛況である。これなどもこじつけていえばテムズ河の潮の干満がなせることか。

トマス・モアにもどると好感を抱ける点は特に二つある。一はその農業問題を通しての政治社会批判で、当時囲いこみということがはやり、貴族や紳士や修道院長など上流支配階級が経営する農場が羊を飼い、耕作を止めてゆく、そのため農民やそれを看視していた下級役人も職を失い路頭に迷う。食えなくなって泥棒に走り、つかまった者は処刑され万余におよんだ。この悪政を痛烈に批難してやまないのがユートピアだ。

英国の上空を飛ぶと今も石積みのかこいが、一見昔の岩手の田んぼのように見える。モアは序の部分で多弁のポルトガル人旅行家ヒロスデイに語らせる形をとっている。「正しく法が守られている国をみつけるよりは妖怪変化がいる国をみつける方がらくである」とか、うかうかするとキケン思想の本なのである。シェクスピアの劇で有名なリチャード三世をやっつけて天下を物にしたヘンリー七世の暴政を、続いて同八世のわがままがどんどんと気に入らなくなってきたのだった。

◆モアの肖像

トマス・モアのもう一つの興味は、彼は当時非常にすぐれたスイス人画家ハンス・ホルバイン・ザ・ヤング（通称ホルバイン）を招き家族集団画を描かせたことである。ホルバインはいわゆるドイツルネッサンスの作家として数えられ、アルブレヒト・デューラーと並び称される天才である。

デューラーは色彩の点で難じられることもあるがホルバインは満点である。およそ描写力でこれほど芸術的にすばらしい画家はいないだろう。このような天才でも食えないときがあり、傭兵の隊長をやって命を売っていたことがあるという。モアの友人で当時また最大級の文人エラスムスがモアの家に来て泊まり、そこで有名な『痴愚神礼讃』をかいた。この人がホルバインの才を認めていてモアに紹介してよこした。英国には大陸からかせぎに来る人が多い。

私は一九九三年幸運にもこのモア家の人びとの絵のための下がきを見た。そうはいってもスケッチではなくドロウイングであるから人物の性格の奥までとらえており、完成された絵といってよい。集団画として仕上げられたはずの大作の本画は現在行方不明である。チョークを用いて淡彩をほどこしてあるが、これを見た英国人は驚嘆したであろう。ケンブリッジ大学のフィッジェラルド博物館で体がぐったりとつかれるほど感動した。

この中で最も有名なのは当然モアの肖像で、よく哲学書などに見られるのはこれからのうつしである。普通人物画は視線の向う方向にゆとりをとって空間をつくるが、この絵は顔が極端に右に寄っている。そのためよけい何かせっぱつまった感じがする。うすめのくちびるといい、あごといい、そのうち天下のヘンリー八世に対して一歩もひかない感じがすでに秘められている。一五二六年から二八年までホルバインはモアのところで仕事をしたとある。実尺たて約四〇×よこ三〇センチの紙の上だ。

顔のりんかく線にそってプリックトの点々が針で打たれ転写したようだ。それのときも実線よりときどきずれている。つまり点をうちながらさらにりんかく線を修正している。画家の執念だな。弟子にやらせるとそのとうりの点を打ってゆくだろう。しかし本人がやったということがわかる。かげは左上から右下への斜線でつけられ、レオナルド・ダ・ビンチと同じく左利きだったこともわかる。こういうのはこの当時の油絵のようになめらかに仕上げたものではわからない。『ユートピア』を発表して十二年後の肖像でひげはそられ力強いあごがやや青い。

約五年後ヘンリー八世は離婚を認めるよう大法官モアに要請する。ガンとしてはね、ヘンリーは思うままにして次の妃と結婚した時点でモアは大法官を辞任、二年後ロンドン塔へ、一五三四年、翌三五年まで幽閉され、ついに断頭台へ引き出された。

七月六日だった。首切りの役人がおのをふり上げようとしたとき「まった」をし、ひげには大逆罪は無いんだから切らないでくれといったという。モアならではの最後のユーモアだ。真偽はかまわない。私はこの話が好きなので七月六日を「惜鬚忌《せきすうき》」と勝手にきめている。この時期英国は真夏よりは幾分、すでに秋なのである。

【3】テムズ河のほとりで

◆船びとの交流の場・ロンドン

ロンドンのバタシーはケルト文化を研究する人にとって、欠かせない重要な名である。前五十五年ジュリアス・シーザーは八百の軍船で攻めてきた。テムズは天然の良港なのである。大陸を攻略するにはどうしてもロンドンが必要である。英国の島だけで観るのではなく、大陸における一大動脈ライン河を考慮しなければならない。ラインは有名なローレライの岩のあたりでも、何千トンかの船がゆうゆう通れる大河である。ところがこの河からいったん海に出るとほとんど良港がなかった。そして地図で見るとわかるが河口からまっすぐ出て西に向うとポッカリと口を開けて待っているのがテムズ河である。当時の船はずっとさかのぼって、波もよし、ちょっとした支流がながれこんでいるところを港にした。これがロンドンである。

ロンドンはそういうわけでおそらく何千年前からの船びとの交流の場だったかもしれな

い。ケルト文化人は非常に高い技術の美術を数多く残している。シーザーの報告では、彼らの上級指導者ドルイドに就くと、軍役や税が免じられた。それになるための試験はそうとうに難関だったらしい。そのために母親らは子供が幼いときから受験勉強をやらせているさまが描かれている。軍団の戦力は六、七万ともいわれ、日本でいえば関ヶ原ほどの戦いでやっと征服できた。そんなにして得た基地であるから四百年間もローマは手ばなさなかった。私はふと日本とアメリカの基地関係を思ってしまう。ともかく、ロンドンのバタシーから出土した青銅のたては非常に見事なできのものである。戦闘用でなかったふしも考えられ、何か式典用だったかもしれない。

私はそんなことも考えつつトマス・モア邸方向の水彩を一応仕上げ、橋を渡って館の方へ進んだ道の前に大きなモア像があり花壇は花でうもれている。考えてみればモアは二〇世紀に入ってからカトリックの聖者に列せられている。信者らのささげものか。しばらく行くとCheyne Walkの通りに出た。犬を連れた人にモアの家をたしかめると、自分の家だよと指された。いかなる金持であろうか。

モアの家は色々な運命をたどった。彼の処刑後は没収され、ヘンリーの後妃カサリン・パーが占拠し、エリザベス一世も遊びに来たりしていた。約三五〇年後一八六三年一人の画家がこの家に住み、その取巻きとともに共同生活をしようとする。ラファエル前派で最も名を成し売れっ子作家となったダンテ・ゲブリエル・ロセッティと友人のスウインバンらである。ロセッティの父母ともイタリア人であって、ナポリの炭焼党という過激派と見られた革命組織の人が亡命してきたのだった。

ロセッティは詩人としても天分があり英国詩集などに必ずのっている。彼はベルギー人のフォード・マドックス・ブラウンの弟子として絵を学んだ。若いうちにジョン・ラスキンに認められたちまちに有名になった。彼の弟子にはウイリアム・モリスとサー・バーン・ジョーンズがいる。この辺は人間関係が入り組んでいる。絵も面白いし私にとってフランスの印象派などとても比べものにならないのだ。しかし世界的には特に日本ではあまり知られていないといっていい。

しかし私にとっては画家の系列としても重要である。つまりラファエル前派は古典の粋だったラファエル以前にもどろうと云うのである。The pre-Raphaelite Brotherhood というのが画家らの集団の名だが英国人の友人は「おまえでは一生かかっても発音できないだろう」といった。略して The P・R・B といっている。明治時代に藤島武二や青木繁が日本精神を描くのだといって「天平のいらか」や「わだつみのいろこの宮」などを描いたのはこの影響が大でありフランスの影響より強い。

『明星』や『みだれ髪』などをやったデザインも全くここの流れである。私のデッサンの師は深沢省三先生であるが、美校（今の東京芸術大学）の藤島武二教室出であった。ある時夏目漱石の弟子の鈴木三重吉が藤島に「こんど『赤い鳥』という雑誌を出すんだけれども、内容的に不潔な画家はだめだ、心身ともに純なる若い画家を知らないか」と問うたので深沢省三という青年画家が最適であろうとなり、第一号のあの可愛い馬に乗ったメルヘン風な二人の絵の表紙と中味も、深沢先生がやり一九一八（大正7）年～一九二七（昭和2）年休刊まで無数のイラストも含めて成したのだが、本の名前と主幹鈴木三重吉だけ有名になり深沢先生はうずもれさせられそうである。

ついでに云うと宮沢賢治は盛岡中学で深沢先生の一級上だった。あるとき賢治は「風の又三郎」その他を示し、鈴木さんに『赤い鳥』にのせてもらってくれとたのんだ。深沢先生がそれを三重吉に見せたら「こんなズーズー弁はとんでもない」とけんもほろろであった。

ともかく『赤い鳥』ですら英国の流れをくんでいる。「唄を忘れた金糸雀《カナリヤ》は」も一周年号でヒットし、雑誌も西条八十も爆発的に有名になった。さらにつけ加えるとその四年後に関東大震災となり、当時帝大英文科の学生だった福沢一郎先生はこの混乱を一時さけるという名目で、彫刻を学びにパリへ発つとき、さしあたってのつてとして西条八十から紹介されたのが、森口多里先生だった。

この三人の先生方から美術を学んだ私は非常に幸運だった。盛岡で学んだ美術理論や精神はその後東京での三十年間英国での十年間全く変更する必要を感じない。たとえばフランス印象派は南仏の光と色の中でああいう風になったといわれるが、そんなことはなく、モネがこの暗い英国に来て、ターナーらの絵を見て開眼し、あの光と色のまばゆい絵に転じたと、これも森口先生の教えである。今私が研究しているグリーンマンの美的な面での追求も行っていた。たとえばアヴィニオンにあるグリーンマンについて、全く同一の作品をカサリン・バスフォード先生が研究の書で発表するより五十年以上前に森口先生が言及し、しかも最も適切な評価をしている。これは英国でグリーンマンの名が用いられ研究がはじまるはるか以前だったのだ。戦中に東京であったナチス美術展を批判もした。

◆『草枕』の那美

P・R・Bに話をもどさなければならない。ロセッティの仲間の画家の卵が十七歳のガールフレンドを見つけた。お針子さんだったというが昔は由緒ある家の娘さんだ。モデルにして絵をかいたが約束のお礼をしない。よくある例だがこの場合は金をもっている別の友人が引きとって、こんどは自分のモデルにした。ただ描くのではなく、長いことバスにつけてあおむけにさせ、もう湯も冷えて体をこわしそうにすらなったという。このモデルは永遠に名を残している。エリザベス・シダルである。エリザベスを略して愛称するときはリジーとなる。絵をかいたのはジョン・エベレット・ミレーである。『ハムレット』の劇の中でオフェリアがとうとう水に身を浮かべ、花を手にしつつ歌いながら流れて行く。リジーがへとへとになるまでかきまくって問題になりそうになったという。テイトへ行くたび何回も見る絵の一つである。これは完全に英国でよく見かける小川である。古い柳の木や岸辺の草木のこまごました描写は、おそらくP・R・Bの一つの表現の極致をゆくものだ。

最近この場所がどこかつきとめたという研究家が現れ話題となったことがある。何故こうまで自然が徹底的に描写されたかは、彼らが英国のグリーンマンの思想を背景にしているからであろう。他の画家たちも一様にそうであり、中にはあまりしつこいので時代おくれとなり、フランスの印象派の、中庸で自由な、宗教と関係ない絵の方がいいという人びとがふえていった面もあるにはある。

夏目漱石がここでまた出る。何しろ今からちょうど百年前にロンドンにいたのだ。彼はよほど印象深かったと見え、帰国後ほどなく発表された『草枕』の背後にこれをもってきている。ちょっと問題のある出もどり娘の那美さんは、この絵を知ってかしらずか、自分も流れ死にゆく姿をかかせたいと思う。旅をし、情にさおさせばうんぬんといってここにたどり着いているのは画工ではあるが、漱石の心情をかわって表現しているだろう。流れには椿の花がこぼれ落ちるという想定で、日本的である。私はこの、なかなか男の思うようにならない、不思議な魅力の女性の名を那美とした漱石の心の裏には古事記の、あの夫伊那那岐命《いざなきのこみと》の意のままにならなかった女神、妻伊邪那美命《いざなみのみこと》がこれまた背後にあるのではないかと、ここ十年間ぐらい思い続けている。オフェリアだって何はともあれハムレットの意のようにはいかなかった。

漱石は東大の先生をやっているときとロンドンでの生活が最もいやだったといっている割には、私から見て非常に多くをこっちからもって行っている。彼は服だって作った。私はこの十年間ほとんどセカンド・ハンドで暮らしている。彼の洋服姿はなかなかいい。これも英国紳士の模写である。

◆ロセッティの未完の絵

エリザベス・シダルはミレーからこんどはD・G・ロセッティのモデルそして恋人となった。「ベアータ・ベアトリクス」(至福のベアトリーチェ)即ちダンテの神曲より想を得ている。左を向き心もちあごを出し、重ねた手には葉をくわえた朱色のハトが聖霊として飛んで来る。ダンテの神曲について語るときもよく引きあいに出される絵である。リジーはロセッティに無限の詩的、絵画的インスピレーションを与えた。彼女の死後ロセッティはその墓を掘ったということは非常に有名な話だ。

エリザベス・シダル亡きあと、やはりかつてモデルとしていた女性と恋におちいった。困ったことに自分の弟子ウイリアム・モリスの妻となっているジェーン・モリスである。ロセッティにとって第二のベアトリーチェである。彼女をモデルに描いた絵は非常にすばらしいものが多く残された。モリスは実業面でいそがしかったので、彼ら二人はロンドンから二百キロ以上はなれたテームズ河の上流ケルムスコットの別荘で同棲をはじめてしまったのである。

この問題はずっとあとで伝記記者たちがあばいたが、モリスは一生波風を立てずに、先生と自分の妻のなすがままにさせていた。ケルムスコットの家は昔のマナハウスをモリスが買って別荘にしたものである。現在は博物館として公開されている。かつてここを拠点として、モリスとバーン・ジョーンズが共同してケルムスコット版の豪華本を出したので有名である。

私はモリスのコレクションの中にグリーンマンが必ずあるだろうと、固く信じていたので訪れて館長さんに聞いたり、さがしていただいたりした。もちろんなかなかすごいものがあった。閉館となり帰ろうとすると、はじめいろいろ見せることをしぶっていた館長だったが、最後はチョーサーの本のケルムスコット版、あとにも先にも手にとって見たのはこのときだけだったが、無造作に見せてくれ、そしていよいよ出ようとする私を手をとって引きとめ、「これを見てくれ」といった。一見何の変てつもなさそうな、長方形のブリキの箱である。

何ですかというものの、ほこりだらけの箱だったので手を出さずにいると、「開けたまえ」という。ほこりを払って開いて、「アッ」と声を出してしまった。朱、橙、黄金とも感じるまばゆい色がパーッと輝いた。「ロセッティがおいていたものだ」といった。あとは二人とも黙った。これこそ、あのバーミンガムにある未完のジェーン・モリスの絵をかいたときのものだ。

◆下村観山の「白狐」

ロセッティは麻薬中毒でぼろぼろになって死んだ。アヘンはそのころ別に禁制のものでもなかったので文字通り死ぬほど喫した所為である。金も友人もほとんど失って、死は寂しかったようだ。ロセッティの師フォード・マドックス・ブラウンは弟子の死に水をとってやったという。後に心ある友人らが集まって上半身の銅像を作りテムズの家の前においた。一九〇一年八月三日漱石は、D.G.Rossetti の家を見ると記し、「前の Garden に D.G.R.

まっていた。

が墳井の上に彫りつけてある」とあるのはこれである。今は訪れる人もなく、落葉がた

ある時友人のアレックス・ワイルドウッドが、「こんなすばらしい日本の絵があったのか」と感嘆して私にさし示しのは下村観山の「白狐」の図版だった。武蔵野を思わせる雑木林の中に白狐が口に稲穂をくわえている。稲荷さんを暗示している。それは名画なのだと説明しながらふと気がついたのは、これはグリーンマンだということだった。

下村観山は私の考えでは同時期の横山大観よりは有名ではないが、必ず将来は評価において追越すだろうと思っている画家だ。実は彼は夏目漱石と相前後してロンドンへ留学した。本格的な日本画家で、西洋へしかもロンドンへきて学んだ例は非常にめずらしい。彼はそこでラファエル前派に魅せられ、その自然描写の姿勢を学んだ。だから柏の木や葉をはじめとし、杉の葉の針の部分に至るまで精密なのである。実はロセッティらP・R・Bの画家たちはそれより前に日本美術を研究し、大いにとり入れていた。狐が稲穂をくわえている形はグリーンマンの口の植物にあたるし、柏はオークであり、「白狐」こそテムズのほとりに学んで得られた最初の日本の近代グリーンマン美術と信じている。

【4】ウィリアム・ターナーの「金枝」について

◆『坊ちゃん』で広く知られる

今年五月十一日をもってテイト・ギャラリーとして親しまれてきた英国国立美術館が、ティト・ブリティンとティト・モダンとに別れた。過去百年間の現代作はモダンの方へ引越していった。ティト・ブリティンの方は一九〇〇年以前の作品を展示している。ロンドンのテムズ川のほとりにある大美術館だ。

「たれかターナー描く〈金枝〉という絵を知らぬ者があろう。」サー・ジェームズ・ジョージ・フレイザーの『金枝篇』(永橋卓介訳、岩波文庫)「第一章森の王」はこう書き出されている。ジョセフ・マロード・ウイリアム・ターナー(一七七五〜一八五一)非常に長い名前であるが、英国では名字が多いほど由緒ある家系だそうである。しかし現在ターナーと云えばこの人以外には指さないほど有名な画家だ。

私個人はその先輩ウイリアム・ブレイクが好きであり同時代のコンスタブルもターナー

J・M・ウィリアム・ターナー作「金枝」の巫女の部分。阿伊染模写

より尊敬する。しかし私の方が一般的でないことは普通の英国人と話しているとよくわかる。ターナーは若いときから死ぬまで有名で、ものすごい売れっ子画家であったが、非常に努力家、そして謙虚ですらあった。それは自分より一つ年下で無名だったコンスタブルの作品を見て反省し、画風を変更したことでもわかる。並の画家ではない。夏目漱石もロンドン滞在中にその絵を見て『坊っちゃん』の中で「まるでターナーの絵のようだ」というせりふを残し、そのためか日本人はターナーの名を広く知っている。

私はターナーが訪れた国々よりもずっと多くヨーロッパを旅行し絵をかいたので、彼と同じ所でかいたことは何回かある。スコットランドのエジンバラの西方の小さな港町でインヴェラリーの城を描いたときなど、画の構図がほとんど一致する場所だった。山と城との間の森が彼の時代より木が繁っているだけだった。むろんターナーの絵の方が何倍も上だった。ただここが彼の制作の北限だったことは面白いことで、彼の目は常に大陸いやイタリア半島に向いていたように思う。当時の画家は英国はもちろんフランスでも優秀と見なされる者は、みなイタリアへ長く研究に行ったのだった。

昔のテイト・ギャラリーは見るだけで一日かかってしまった。私はここへ何回行ったか覚えていないほどだが、最初に行ったのは一九六六年の夏だった。ここにはターナー特別室が何室もあり、そのコレクションは世界一である。ある時「金枝」の絵だけじっくり見ようと決心して訪れ、監視員の黒人の若い女性に絵の展示場所を聞いた。むろんターナー室専属の人である。しかし彼女は「さあ知りません」と軽くはねつけた。ターナーの作品数は非常に多く、しかも時々掛け替えを行うので案内をたよった方がいいのである。ちょっとがっかりして次の室へ行こうとしたら、その監視員の三mばかり前に湖の絵があった。それは一九八六年に東京上野の国立西洋美術館で行われたターナー展で見た「ネミ湖」(Lake Nemi) に似た構図だった。私はしばらくの間この絵を「金枝」だと思った時期もあった。ともかく近よって見たら〔The Golden Bough〕とあった。私は思わずいすに座っている監視員をふりむいたが、とがめるような目つきはしなかった。にっこり笑って指さしたら彼女もうなずいた。こういう場合この人たちをとがめることはできない。

テイトにしろ大英博物館、ナショナル・ギャラリーこの三大博物館、パリのルーブル美術館と並ぶところが入場料が常にただなのである。しかも至りつくせりの案内図や解説パンフレットもただである。その支えは多く一般人がボランティアで監視役をしたり、館内の清掃をしたりしていることもあり、したがって絵の保護はやるけれども内容は関係ない。そういうたち入ったことを知りたければ、入口あたりにまたすごい専門家がちゃんといるのでそこでたしかめるべきだった。

「金枝」はなかなか大きな油絵だ。高さが一〇四・一、巾が一六三・八センチもある。

最近の私だったらこの絵を構想して仕上げるまでに一年かかるかもしれない。少し長い解説がついているが〔The sibyl gathering the golden bough〕がもとの題名だったようだ。一八三四（天保5）年作者が展覧に供したときは〔（金枝を収める巫女）The Ggolden Bough〕にちぢめて発表したという。

自分の体験からしても、制作した時と発表はちがうので、この年の作とは決定できない。ターナーは神話の絵も好きだった。非常に多くのしかも大作を残しているがこの絵は意外にもターナー画集をずい分見たがのっていない。幸い絵はがきになってはいるがあまりにも縮小されて人物などよくわからない。

◆ネミ湖の絵

ネミ湖はローマから南下したあまり遠くないところだ。私も二回ばかり近くを旅行で通った。英国特にイングランドにいるものは山のないのが不満である。これはかなり無表情に近い。イタリーはそこへ行くと風景が表情豊かである。地形や気候は人間を作るのだ。

絵の両側の松をはさんで中ほどやや右よりにぼうと湖はけぶっている。朱のきぬをまとった五人のニンフが舞うのを豊かな肉体のダイアナが右下に横たわって眺めている。女神には侍女がかしづきそばには豊穣をことほぐ収穫の果物など、そしてほとんど目だたぬ

【4】ウィリアム・ターナーの「金枝」について

「金枝」図の祭神は豊穣の女神ダイアナ（ギリシャ神話ではアルテミス）。この女神は窮極のグリーンマンであると、K・バスフォードは認定していた。この参考図はパルテノン神殿のアルテミス。大英博物館蔵。
阿伊染模写

J・M・ウィリアム・ターナー作「金枝」油絵　140.1×163.8（1847年）

が右下にヘビがうねっている。左上の空は青々とし、それから下へ目をおとすと、五人の舞姫らの左側神殿の下のところにわずか十五センチほどの巫女が右手に半月形の黄金の鎌をにぎって下げ、左手に今刈りとったばかりのやどり木の枝、即ち金の枝を高だかとかかげている。

この絵の題名にしてはあまりにも小さすぎないか、しかしターナーは念入りに描写しているのでものすごいかきこみで、「ああ私にはわかる」と思わずひとりごとをいってしまった。絵が重くなっている。さすがに一生けんめい空の大半を白くしている。しかし何回か見ているうちにこの巫女の美しさにひきつけられ、床にべったりすわってスケッチをして見た。この乙女を美しくひきたてるためにわざと女神をギターみたいな肉体にしたのかもしれない。

ネミ湖の絵をターナーは私が知るかぎり四枚かいている。古い順に見ていくと、一八二八年のかなり速写した油絵で約六〇×一〇〇センチ、これは現場でキャンバスを持参したかもしれない。その証拠に絵が折られたあとが絵具にのこり、わくからはずしたかもしれない。他にこのころかもしれない水彩画、そして「金枝」の絵そして死の数年前一八五〇年ごろまたネミ湖と題する水彩をかいた。これは約三七×五四センチもあり水彩としては異常な大きさになる。何しろ英国の水彩画を世界一にならしめた画家の筆になるので一種の宗教的な感じさえする。もはや松も、神も、人もなく湖ばかりで茶色の地上に牛のようなものがみうけられるが自然物かもしれない。こういう風に、一ヶ所を約十年おきぐらいに時間をはなれてかくということはよほど心に何かあるからだろう。ネミの湖に何かとりつかれていたのか。

◆「金枝」を見た日本人

ターナーというと汽車さえかいた人であり近代的に感ずるが、一七七五年生れというのは葛飾北斎より十五年下であり、北斎が亡くなって三年後一八五一年にこの世を去った。それから三年後にJ・G・フレイザーがスコットランドのグラスゴーで生まれた。ナイトに叙任もされ、ケンブリッジの教授であったが特にトリニティ・コレジで教えたとなると、通俗的に見てもこれ以上の栄誉はのぞめない。

一九四一年第二次大戦中にドイツの空爆にあい夫人と共にスコットランドで亡くなられた。この人はかなり長く生きたので、夏目漱石はその間に生まれまた宮沢賢治も生まれ死んだ。「金枝」の絵はロバート・ヴァーノンという人が手に入れ一八四七年に美術館へ寄贈してあったので、フレイザーが見に行ったころにはこの絵は非常に評判になっていたのではないだろうか。そこであの書き出しとなったのだろう。

『金枝篇』の初版は一八九〇（明治23）年であった。この二年後に南方熊楠はアメリカをめぐるのをやめてロンドンへ来た。一九〇〇年フレイザーは再版した。この年南方は日本へ去り、夏目漱石がやってきた。熊楠は民俗学が『金枝篇』を出発点として勃興してゆくさまを見、日本へ帰ってもそれを続けたほどだから、この絵の前に立ったのではないだろうか。漱石は関心があっただろうか。日本に最初に紹介したのは上田敏で、彼は民俗学をやるべきだったと悔やんだという。柳田国男はフレイザーを一度たずねたという。彼らはこの絵を見たであろうか。

私はこの絵を実際に見たという人は一人しか知らない。それは森口多里先生である。盛岡における私の絵の学校の教授で、関東大震災前にすでにソルボンヌに学び、日本における本格的な西洋美術史の草分けの人であった。と同時に戦時中から郷里岩手に引き移り、以後生涯九十余歳まで岩手ですごされ、岩手の民俗学の方では芸能史千五百ページの本など出された。柳田国男は森口先生と親交があり、民俗学者として高く評されておった。『遠野物語』の原収集者である佐々木喜善なども森口先生の教えをうけていた。辻潤はそのダダイズム理論を森口先生から教えられたのだった。これは玉川信明が研究したので私は彼から知った。

盛岡で森口先生が私に The Golden Bough について教えて下さったのは一九五五年のこ

とだ。今、グリーンマンを追いはじめ、オークの木の宿り木が、実はグリーンマンの木であるわけで、『金枝篇』を再読三読している。英国ではこの木の枝を春の夜に枕の下にしいて寝ると良縁に恵まれるといっている。クリスマス・パーティのときなどこれを玄関のなげしのところにぶらさげ、その下をくぐる人をつかまえてキスしてもよい風習がある。日本でも古くは「ほや」といって恋の枝であった。パーティの残りをもらってきて、数年前から画室にぶらさげておいたが、今は非常に美しい黄金色をしている。

ドングリの生る木オークは神の木であるが、冬枯れたところに青あおと繁るこの木についた宿り木はその霊力を集めていると考えられ、もっとも神聖なものとされた。さまざまな宗教の中でオークは神の木であるが、ネミ湖のほとりのこれにまつわる神話と伝説を解明しようとあの『金枝篇』が書かれたとはおどろく外はない。

【5】マナハウスのちから

◆一二〇〇年代からあるパブ

英国で暮すと家としてはホームとハウスというい方がめだつ。ホームは普通家庭だがしかし、大きくは内務省のようなところもいわれ、たとえば私の永住権のようなこともここで決定された。ホーム・オフィスというとそういうところだ。また一方ハウスはどうも人が家庭を営むところというよりは寄り合うところを意味するようである。これの大きなものが国会議事堂でこれをハウスと呼んでいる。

また私などもっとも身じかに利用するハウスはパブリック・ハウスつまりパブである。日本語で居酒屋と訳されているが、これまたすごくちがっている。これは要するに町内会のたまり場、会合場所が発達したものと思えばよい。だからだいたい町内一、二あわせて一軒しかなく、満杯に入ると数百人は入れる。この前も家の近くのトウティング・ブロードウェイ駅で事故が起り、人命救助隊がヘリコプターで来た。その着陸した地点はその近くにあるパブの庭だった。それを見てもわかるように大きい。もう一軒のパブには子供の遊園地などもそなえている。私は日本の居酒屋でそのような例は知らない。

パブは町内の人びとの誇りである。同じ銘柄のビールが隣の方が安くても通常そっちへ行って飲むことはほとんどない。また私がよく行くザ・ダヴというパブはウィリアム・モリスの愛した店であった。当然バーナード・ショウとかオスカー・ワイルドやW・B・イエイツらも通った店である。しかし酒のねだんは隣の無名のパブと何の変わりもなく、どちらも繁盛している。ダヴは有名人が飲んだことを誇りとしてはいるが、それにかこつけて値上げしたりはしない根性があり、うれしいのである。客に上下なしという精神が生きている。

またパブというのはよっぱらいは入れてくれない。これも日本の飲み屋とちがう。私はよく行って本を読む。ビール一パイント（約中ビン一本）であまり混んでいないときは何時間も本を読んでいられる。店の人はちょっかいを出さないのである。そういうわけで英国人はパブがあることを自慢し、誇りに思っている。私がオックスフォードに住んでいるときに通っていたタフ・ターバンというパブは西暦一二〇〇年代にはじまったほど古い由緒あるパブであったし、オックスフォード大学で学んだ者でここへ行ったことがないものは、もぐりであるというほどの店なのだが、これまた肩のこらないビールの値段も平凡なのである。英国では三百年以下のパブはひよっこといっていいほど古い飲み屋だらけである。

英国の家について語るとき、マナハウスというものを欠かすことはできない。私が見たかぎり、これこそホームでありハウスである。日本でいえば大庄屋というところである。

◆漱石の住んだレンガ造りの家

一九〇一年四月二十五日、夏目漱石は今私が住んでいるトウティングに引越してきた。そして同年七月十九日にはもうここから地下鉄でいえば同じノーザンラインのクラパム・コモンへ去っていった。漱石の日記には「聞シニ劣ルイヤナ処でイヤナ家ナリ」となっている。これを受けてか、江藤淳氏の『漱石とその時代　第二部』（新潮社）には「ロンドン市中ではまずもっとも貧寒の場末であった。（略）近代産業都市の排泄物のただなかであった」と同書一三五ページにある。私は一九九四年からずっとそこに住んでいるわけである。漱石は個人的に家や所をいやだったが江藤氏の解説はほとんどわれわれ住民の名誉を傷つける。この街のパブで私がこれを英訳して聞かせたらどうなるだろうか。これは公平に弁明させてもらわなければならない。

漱石が住んだれんが造りの三階建ての家はそのままそっくり残っているし、彼が利用したトウティングの駅もそっくり残っている。トウティングはロンドン郊外にあり当時のレジャータウンだった。そうでなければ当時世界一の遊び人ともいえるエドワード摂政の宮、この人はヴィクトリア女王の皇太子で後のエドワード七世であるけれども、彼が足繁く遊びにくるはずはない。漱石が住んだところから歩いて数分で駅であり、その逆に西へ少し行くと当時二千人から入る劇場があった。彼の家から歩いて友人の池田菊苗（この人は後に味の素を作った）の家と北の方へ行くとかなり広い草原と池との公園があった。もし本気で訪ねれば、彼が買って読んだウイリアム・モリスが漱石のロンドン到着約三年前まで生きていた、モリスの仕事場も南方のウオンドルの川岸にある。

このあたりの街区は公的計画によって建てられたものであり、一戸が、日本的にいえば十畳・八畳・六畳二間・四畳半・台所・浴室、庭が前後に合わせて二〇平方メートルぐらいである。もちろん総れんが造りで伝統的英国の建て方による。街の道巾は車道が約八メートル、その両側に巾二メートル以上の歩道がある。これがロンドンの一番せまい道だ。トウティングのいかなる裏通りも四頭だての馬車が楽にすれちがえるように建設されたのである。漱石は三階建に住んだのだが、とにかく個人的な問題でいやな感じだったと思われる。現在もし東京でこれと同じ街区を求めたらどうなるだろうかを考えてみるとよくわかるだろう。彼が去って行ったクラパム・コモン街はここより都心に近く、もっと立派な

石造りである。その引越した秋十一月三日句会をやり、

近づけば庄屋殿なり霧の朝

の句を作った。この庄屋というのは漱石がマナハウスを見たのではないかと思う。

◆時には王をも動かす力

マナハウスは日本では郡ぐらいのところを取り仕切った大農家というように見るとよい。ここに英国の知恵が結集していると見ることができるのである。そこには何百年も続いた農業技術、家内手工業によるさまざまな生活用品の製作、家屋建築の根本的な考え、質実剛健な行動、住民の集会や祭りなど、いわゆる英国の良いところの結晶なのだ。家屋敷をとりまく樹木も有用なものを主とし、どんぐり、りんご、なし、いちじくなど実の生る木、桑は養蚕用、ユウの木は弓を作るのに最適である。家は大きく旅人や芸人を宿し、時には王侯貴族も接待し、日本の本陣のようなはたらきもした。またマグナカルタ以後は地域を代表する議員ともなった。しかし王侯貴族のようなぜいたくはなし。

一例をあげると一九九八年秋、私が招かれて行き絵にかいたヨルダム（これはザ・オールド・ホームという意味 The Yaldaham Manor 'The Old Home）というマナハウスが、ロンドンの東南方向に列車で一時間半ほどのところにある。このマナハウス・セヴンオーク

Mr EDward Lade の住居。ロンドンの東南方向にあるセブンオークス家

ス（Sevenoaks）家の当主エドワードさん（Mr Edward Lade）が持つ農地は一六〇エーカー（一エーカーは約四〇四七平方メートル）もあり、主屋は何十室あるかわからない。わたしは「風と共に去りぬ」のスカーレットの恋人アシュレの生家トゥエルヴオークス家*を思い出した。まわりに十数戸の分家をしたがえている。歴史は一一九一年から残っている。これは頼朝が鎌倉幕府をひらいた前年であり、実際のはじまりはいつかわからない。現在でもオークの薪をたき、自家の麦でパンを焼いて食している。私が行ったときは方々から文人を集めてパーティを開いたのだった。その領内にあるパブは

地ビールを造っているが一六九八年より続いていて、これが英国最古のビールの造り酒屋である。民衆はこのようなところで衆議を重ね、時には王をも動かす力を発揮した。

◆モリスの影響を受けた宮沢賢治

私がもっとも尊敬する画家は英国のウイリアム・ブレイクである。彼は詩人でもあるが「すべての宗教は一つであるべきだ」といった思想家でもある。次に尊敬するのはウイリアム・モリスである。彼は詩人、デザイナー、実業家、そして英国の社会主義を育てた人でもある。彼をしたって集まった人びとは、オスカー・ワイルド、バーナード・ショウ、クロポトキン、W・B・イエイツ、マルクスの娘エリノアなど枚挙にいとまない。日本人では夏目漱石や宮沢賢治が強い影響をうけている。

このウイリアム・モリスの思想の根本はマナハウスの在方《ありかた》からきていると私は思うのである。もちろん彼の師はジョン・ラスキンであり、美術や詩の師はダンテ・ゲブーリエル・ロセッティであろう。しかし彼が為した有名な仕事のうちで「レッサー・アート」を賞揚する精神、それはマナハウスにおいて人びとが働く質実で健康的、簡潔で不必要なものを排する。仕事を喜びとし、すべての工人は芸術家であり、無名の人間の作ったものこそ王侯貴族好みの（それは俗悪ですらあると断じた）大芸術より勝るという思想をうちた

ウォンドル川の水車（マートン・アヴィミルズ）
モリスがここで共同作業場をひらいた。阿伊染画

てたことは重要だ。

この思想の影響をもっとも強く受け「農民芸術論」を提唱し、羅須地人協会を作ったのは宮沢賢治だった。しかしモリスはその理想を『ユートピア便り』に著し、広くアメリカにも影響し、偉大な人として生前世界的に有名になったのに対し、宮沢賢治はその運動も不発に終り無名のうちに死んだ。宮沢賢治が農民は芸術家であれといいサークル運動をめざしたのはモリスの考えによる。

モリスは今私が住んでいる家から歩いて散歩がてらにも行けるウォンドル川というところのマートン修道院の水車のところに理想の共同作業

場を開き、そこで染色や布工芸をやり、日本風にいえば民芸をやった。モリスの場合は芸術論もきっちりとうち立てたので、後にドイツのバウハウスさらにアメリカのマサチューセッツ工大など世界の現代デザインの祖となった。彼が建てた自宅は「レッド・ハウス」といい、この現代デザインの思想をあますところなくあらわしている。今は個人の家になっているが、私は頼んでほとんど見せていただいた。それは九〇％はマナハウスといいたいものである。彼は大英博物館の建物のようなギリシア・ローマの悪いまねをしたような建物をきらう。雨の多い英国で先祖が考えぬいてきた急斜面の屋根こそ最高だとする。家具などもむだをはぶき力強いオーク材を使う。彼は新約聖書をみとめない。そして昔の英国の伝説やアイスランド・サガなどを研究した。

◆レッサー・アート

日本になじみ深い人で陶芸のバーナード・リーチはモリスの思想をくんだ人だ。ここから民芸運動を柳宗悦は影響をうけたかもしれない。レッサー・アートとはまさに「民芸」のことである。しかしまた考えさせられるのは日本人の民芸家は、たとえば失敗作などほとんど使えそうなものまでうちこわし、真の芸術を追求するという。例えば有名な浜田庄司氏の益子《ましこ》焼きのかま場をみるとおよそ小山のようなそういうすてられた陶器がある。英国のモリス→リーチ系の人たちは、そうとうの失敗作もすてないで安く売って人びとに使ってもらうようにしている。それは陶片によって地球をよごさないためであり、これはすでに環境問題を提唱したモリスの思想を実現しているまことの民芸である。

日本になじみ深いもうひとりのモリス信奉者はラフカディオ・ハーンである。彼の仕事については私が解説する必要はないほどだ。ハーンはアイルランド人でもあるが、日本の伝説に心引かれたのもモリスによるところが多いと思う。

W・B・イエイツは若いときモリスのところをよくたずねたアイルランド人である。彼の『アイルランド各地方の妖精譚と民話』が出たのは一八八八年であり『遠野物語』よりも二十一年前である。これも日本に影響を与えている。

今日本ではやっている英国式ガーデニングは、ほとんどまがいものだが、本物のガーデニングはマナハウスから伝わる健全で力強い農民の庭である。マナハウスこそグリーンマンの精神を継承する民衆の知恵と民主主義の源である。

＊名作映画「風と共に去りぬ」はヒロインのスカーレット・オハラ O'Hara の名字の O' がアイルランド系の移民を示す。彼女が農場「タラ Tara」の名を叫ぶ場面が印象に残る。タラはケルト文化時代の首都であった。「タラ・ブローチ」と呼ばれる窮極の工芸品が発見され、これにはグリーンマンの霊力が秘められる模様がある。スカーレットの恋人アシュレの家は「十二（トウェルダ）本オークス」といい、グリーンマンの力を背景に南部開拓を目指す意気が感じられる名家なのだ。

【6】どんぐり感とジャン・ジャック・ルソー

◆神木としてのオーク伝説

パリに着いたときはまだ夜が明けていなかった。それから南東に位置するヴァンセンヌの森の入口にあるカフェで熱いコーヒーをすすって、ゆで卵を食い終わるころ外は明るんできた。十月末の朝で肌寒いので、この店が開いていて助かった。きのうの夜ロンドンのヴィクトリア・コーチ・ステーションを発って長距離バスで来たことは失敗だった。ドーバーの波が荒かったこともかてて加えて、何しろこのようなきつい旅行には自分の体がついていけなくなっているようだ。

カフェのおやじさんが愛想よくてほっとした。森をぬけてヴァンセンヌ城へ行きたいというと、ややけげんそうな顔をしたが、バッグからとりだしたスケッチブックを見て納得したようだ。店から出て、行き方を教えてくれた。かなり道のりがありそうだ。入口のところに大きなダイアナ像があり朝日に金色に光っていて森の女神にふさわしい。車をひろったことは正解だった。森をぬけた広場で降り、目の前の花園の秋の草花の咲きほこるのを見て感心するいとまもなく、その近くにある朱にもえるつたうるしのからまる古い館が目をひきつけ、さらにむこうにすみきった青空の中に白い円筒の城のタワーがそびえ、フランスの三色旗がはためいている。一枚描きたくなり、急いで水彩を染め上げた、しかし私は絵をかく観光できたのではない。

道具をしまいこんでから双眼鏡を出し、森の木々をたんねんに眺める。赤茶色に変じたマロニエの葉、プラタナスそしてアカシアなどさまざまな木立が見えるがさがしている木は見当たらない。森の中へ入ることにしてほんの百メートルも行くと、なんと道の脇に立派な古木のオークがあるではないか。体の痛みもつかれもいっぺんに吹きとんだ。黄葉というにはまだ早いが、果実はすでにリスやネズミたちが収穫し終えたようだ。リスが食いちぎった小枝が下に落ちているのもイギリスのコモンと似ている。葉は日本のカシワの葉をやや小ぶりにした形だが、実はむしろ日本のナラガシワやミズナラに似ている。これこそイングリッシュ・オーク別名コモン・オークに他ならないのだ。落葉広葉樹である。

太い幹のむこうにヴァンセンヌ城が見える。樹齢数百年は経ているだろう。大人ひとりでは手がまわらない。森にはずっと人影がなかったがいつのまにやら、それぞれ真っ黒い犬を連れたパリジェンヌが近づいてきた。牧羊犬に似た大きな犬ともう一匹はその子犬に見えた。オークの木と城と自分を入れて写真をとってくれるようにたのんだ。いかにもエレガントなしぐさでシャッターを切ってくれ、

「犬は大きい方も小さい方も成犬です。親子に見えるでしょうがちがいますのよホホ」

と笑った。そしてまたつけ加えた。

「オークの木には伝説があります。昔賢い王様がおられて、このあたり一帯の政治を行ったとき、役人や裁判官たちの報告がゆがんでとどくおそれがあると考え、ある一定の日を定めて王は直接民衆の声を聞いていました。それは大きなオークの木の下で行われたといいます。まあこの木かどうかはわかりませんけれど」と聞かせてくれた。つまりこの城の王とオークは密接に関係がある。イギリスでもチャールズ一世が革命軍に首を切られ、その子チャールズ二世が逃げるときオークの木にかくれて命びろいをしたという話があり、ロイヤル・オークといい五月にその記念日がある。オークの木はヨーロッパの各地の王室で非常に重要なあつかいをうけ、また民衆もこれを大切にしているのである。

ここでオークについて言及しておきたい。なにしろ私はグリーンマンの研究に日夜のめりこんでいる。そしてこの自然であり人体と植物とが合体する神は常にはオーク、つまりどんぐりの木に住んでいるというのである。これはほぼヨーロッパ全土に広がっている文化であることをわが師カサリン・バスフォード女史が研究し、学問的に確立したのである。

ケルト神話ではドルイドの聖人がこの木からあらゆるよきものを得るとされる神木だ。この文化は今のスイスかオーストリーのあたりではじまったらしい。ギリシャ神話でも一番えらいゼウスの神木はオークである。その巫女はこの木の枝葉のさやぎから神託を聞きとったという。旧約聖書の世界でも神や御使いの依り来たる木だった。日本でも古代においては葉守の神という自然神はカシワやナラの木の中にいた。アイヌ民族のユーカラを読むとやはりどんぐりが聖なるあつかいをうけている。

◆ヴァンセンヌの森

一七四九年ジャン・ジャック・ルソーはこのヴァンセンヌの森の道を歩いていた。そしてオークの樹下で休んだ。ヴァンセンヌ城へ向かう途中だったがあまりにも暑く、疲れてしまったのである。なにしろパリから歩いて来たのだった。目的は百科全書派で有名になった親友のディドロに慰問の面会のためである。このときディドロは危険な本『盲人書簡』を書いたという罪で、思想犯としてこの城に監禁されていたのである。フランス革命のときにバスティユ監獄が解放されたことは有名であるが、実はあそこには本物の凶悪犯も多かったわけだ。が、このヴァンセンヌの方は教養ある社会的にも上の人たちが入っておった。もちろん革命軍はここをも真先に解放した。そしてナポレオンの方がこんどはこの城を重要な拠点にしたのである。私は内部を見たときロンドン塔を思った。あそこと同じように無実の罪に泣く囚人たちが壁にえぐりつけた言葉が多く見られるからである。

ルソーはこの城を目前にし、どんぐりの木の下にいて、途みち読みながらきた『メルキュール・ド・フランス』誌に目をやった。その中にあるディジョン・アカデミーから出している懸賞課題「学問と文芸の復興は習俗を純化させるのに役立ったかどうか」に至ると、「これを読んだ瞬間、わたしは別の世界を見、別の人になった」と思い出に語っている。つまり心は錯乱状態のようにもなり、また霊感を与えられたようにもなったという。そして懸賞課題に対する論文の想がわき、それを書いて応募したのである。一七五〇年ルソーの論文は当選した。きのうまで無名だった青年があっというまに一流思想家にのし上がってしまった。

この霊感事件こそ私には大変興味あることとなった。なぜオークの木の下だったたか。時期は八月だったという説もあるというのでいろいろ調べてみた結果、十月が最有力であることに落ちついたので、数年あたためてから約二百五十年前にルソーが休んだ森の木をできれば実見したいと思ってこの地に立ったのだ。

平和、団結、平等は、政治的なかけひきの敵である。正直で単純な人間は、単純さのゆえに、だまされにくい。（中略）世界中で、もっとも幸福な国民の間で、農民の群がカシの木の下で、国家の諸問題を決定し、いつも賢明にふるまっているのを見るとき、他の国民の、洗練されたやり方を軽べつせずにおられようか？（『社会契約論』一九五四年訳）

右の文は桑原武夫と前川貞次郎の訳で岩波文庫よりの引用である。この本は他に河野健二、紀篤太郎、鶴見俊輔、杉之原寿一、樋口謹一、多田道太郎、溝川喜一、牧康夫、上柳克郎、桓藤武二、森口美都男という人たちが共同反訳参加者として記されている。さらに鶴見俊輔さんの話によると、ルソーの研究者たちは植物関係の訳を強化するため、北村という植物学者に協力をしてもらったそうである。ここで私がとりあげたいのは、カシという訳である。これは英語でオークであり、どんぐりの生る木である。ここでの話はルソーの故郷スイスの農民のことだという。となると日本では宮城県以北には自生しないカシ、つまり常緑照葉樹で温暖な地にしか生えない木の種類とはとても思えないのである。

桑原武夫、河野健二、樋口謹一、多田道太郎らは一九六二年ルソー生誕二五〇年記念に岩波新書『ルソー』を出して、その一五二頁で樋口は「ヴァンセンヌの森のかしわの木の下でのインスピレィションは……」と訳している。カシワなら北海道から九州まで自生するし、葉の形はもっともコモンオークつまり私がヴァンセンヌで見ているものに最も近い葉の形をしている。むろん落葉広葉樹である。

ルソー関係の本ではオークを小林善彦が『人間不平等起原論』（中央公論社『世界の名著』）の中で、柏《かしわ》としているし、同じ本の中でも平岡昇は『ルソーの思想と作品』中で樫《かし》の木としている。桑原武夫・今野一雄訳『エミール』中巻でも〈マムレの樫の木〉とされている。

◆古城に残された一本のオークの木

ともあれ私個人としては、ヴァンセンヌのどんぐりの木＝オークはコモン・オークだったことで満足した。ヴァンセンヌ城は今もパリ市を守る陸軍の城として使われている。ところで他に副産物があった。ミニアチュール画の至宝として知られる、あの「ベリー公の時祷書」（十五世紀）の中にこの城が描かれているのだ。手前には森のどんぐりを食って育った大猪が獲られ、犬どもと狩りの人がよってたかっている。その森の彼方に十本の塔をもつヴァンセンヌ城がそびえているのだ。この時祷書ほど美しい本はめったにない。王侯貴族の生活をくわしく描くかと思えば、他の頁では民衆の姿を実に生きいきと描いている。実は現在この城の塔は一本を残されてあとは破壊されてしまっている。それで私は絵と結びつかなかった。

この城は十一世紀ごろから名が知られ、ルイ王朝が華麗さを好んで移住するまで使われたし、続いてナポレオン、ヒットラーと次々に世界の野望家のものとなってきた。また、あの女スパイのマタハリも重要政治犯とし処刑されたのもここであった。そのような歴史を経て静かに立ってはいるが、中央の華やかな塔をのぞいてはやはり実戦の古城の面影と威圧感がある。城内の庭の中央に一本のオークの木が特別の保護で植えられているのも由緒ある眺めである。やはり内庭には壮大なゴシック時代の礼拝堂があり、中世美術の宝である。当然ともいえることだがグリーンマンのすぐれたものがいくつもありうれしい。これほどの所なのに昼になっても観光客は数名だ。迷彩の軍服の兵士が何人もいる。彼らは礼儀正しく親切だ。

せっかくここまできたのだ。日ざしもよいし、石に腰をおろして一枚水彩をかきながらルソーについて考えてみようと思うのだ。

【7】ウイリアム・ブレイク頌

◆流行に組しない作品

今から四十七年前の岩手県盛岡はまだ物資も豊かではなかった。画学生になったばかりの頃は、親の意見にさからって進んだ道だったので、援助はなく、自力でアルバイトしながら画学生としての勉強をしていた。しかし、それはなんとすがすがしく充実した日だったことか、毎日朝五時から夕方六時まで手のつめが木炭紙でこすれて血が出ても痛さをわすれデッサンをしていて幸福だった。町はずれの小さな古本屋で立ち読みし、新しいことを得るのもうれしかった。敗戦後十年目ぐらいのころだ。本は聖なるものであるという思いが残っている村の出身だった。

『ブレイク詩選』というザラ紙に印刷された本を手にすると私はドキッとして体がこわばった。わずか十一センチ×八センチばかりの挿画が四葉と土井光知の訳した詩で、たとえば「虎」

虎よ、虎、輝き燃える、
夜の森のなかで。
どんな神の手、あるひは眼が
汝の怖ろしい均整をつくり得たのか。

Tyger Tyger, burning bright,
In the forests of the night;
What immortal hand or eye,
Could frame thy fearful Symmetry?

（以下略）

力強い詩、絶妙な筆の流れによる絵画は「羊飼」、「仔羊」、「迷うたをとめ」、「天国と地獄との結婚」

私はたちまちにしてこの二百ページ余の小本の作者兼画家なる人物のとりこになってしまった。以来全くうたがうこともなく、敬してやまない神のような人としてウイリアム・ブレイクがある。現在イングランドに住む理由の最大はここにある。そしてまた現に研究しつつあるグリーンマンと関係がある。というよりは私が選んだ実人物としてのグリーンマンである。

ウイリアム・ブレイクは一七五七年十一月二十八日、ロンドンの貧しい靴下職人の子として生まれた。学校にも上がれなかった。しかし幼くして絵が上手、また詩才もあって、十二歳にして詩集を出した。十四歳のときジェイムズ・ペイジアという版画家に徒弟奉公して七年間修業をした。その後若くして独立した版画家として歩んだが生活はまるで苦しかった。一七八九年に「無心の歌」、「セルの書」を出し、一七九〇年から一七九四年までに「経験の歌」および「天国と地獄の結婚」など版画詩集を出した。一八二七年、彼は貧しく死んだ。

今では非常に有名な版画は『ブレイク詩選』では、はがきほどの大きさにのっていた。しかしそれは壮大な筆の流れを感じ、私は絵をかく時常に陰に陽に影響をうけ続けた。日本ではフランスで修業を積んだ画伯たちが大いに巾をきかした明治以来の伝統があり、わけても印象派は国民も大好きである。それにくらべてイギリス美術はなかなか問題になりにくい。いや現にイギリス国内においてすらウイリアム・ブレイクに感動しない人にも多く出会うのである。

私は一九六六年生まれてはじめてイギリスに渡ってブレイクの本物に接しておどろいた。彼の絵のほとんどは小さく、油絵は少ない。水彩と版画が多い。しかもかつて壮大な大きさを感じていた版画作品は、はがきの半分ほどのものですらあった。比較するのもおこがましいかと思われるが、あえていえば名声最大級のターナーは国立美術館に所せましと何室も特別室がある。ところがこれら巨大な作品群は見ているうちにあきがきてしまうのである。ごく少ない作品しか感動しない。ブレイクは全くちがうのである。どれひとつとっても立派に心をとらえてはなさない。

ウイリアム・ブレイクの生前のマスクとアダムの図

思うにターナーはイタリアに降参していた、それを追っていた。むりもないとは思う。それにひきくらべブレイクは自然を師とし、中世以前の美を理解しうけ継いでゆく。そのために新鮮なエネルギーが常に絵から発せられているのである。流行に組しない作品なのだ。

◆ブレイクの思想の魅力

ウイリアム・ブレイクはグリーンマンなのだった。私はそれをいいたくてこの筆をとっている。先にジャン・ジャック・ルソーについてグリーンマンだといった。要するにどんぐり感人間なのだ。ルソーは一七一二年に生まれた。ルソーが二十歳を出たころブレイクが海のむこうに生まれた。フランス革命がブレイク三十二歳ごろ興った。彼は間接的とはいえ大きな影響をうけ、イギリス官憲によって縄をかけられる身となったことがあるほどだ。ルソーが若いときオークの木の下で最初のインスピレーションを得たことによって「学問芸術論」を書いたのだったと私はそこを強調したが、ブレイクもオークの木のもつ力を信じ、自分の人生にとり入れた人なのである。

例えば「ジャイアント・オーク」はまさに木そのものが人間化している。また「自殺者たちの木」も森の木々たちが人間を含んでいる。

今回はその中でも最も力強い証明のひとつを「動物に命名するアダム」という作品によって考えてみたい。いうまでもなく、旧約聖書創世記において神が七日で世界を造り、人間の祖アダムも造られたとある。多くの動物たちが造られ、アダムはそれらの好ましい友だちに名をつけゆく。

彼は画面中央に眼を見開いて堂々といる。目立つのは左手になでられているたてがみを持つへびである。背後には右手より左手へと移動してゆく造られた動物たちだ。彼らは皆仲よく、牛、馬、羊、鹿、ライオンなど共にいる。伝説によれば、エデンの園ではライオン等さえも草食だったので、他の生きものたちも安全だったということである。ここで注目すべきは右側に太い幹をもち左側へと上方に枝をのばすオークの木である。時はすでに初秋である。どんぐりが生っているのである。これこそ、オークの中に住んでいるグリーンマンの神がしろしめすことを暗示するブレイクの思想を語っている。

知恵の木の実という場合リンゴが多く描かれているが、非常に古い時代においてはどんぐりの実であったという説もまだまだ根強い。たとえばギリシャ神話におけるゼウスなど最高神はオークの木がご神体だったこともある。ブレイクの思想は今もって不可解の所が多く、それもかぎりない魅力になっている。

【8】北斎崇奉

◆生命力あふれる大芸術家

一九四五年が日本の敗戦の年であることを言えない大学生が沢山いる。若者にとってそれは遠い歴史上のことなのだ。私とてじいさんが日露戦争で爆裂死したことは、その夫を失った妻マルばあちゃんから涙ながらに聞かされても、ぼうとしたはるかなことにしか覚えられないものだった。話はかわるが、わたしの兄が陸軍士官学校を敗戦とともに追い出され、そして米軍がその校舎を占めた。

ポーロ・ブーロマン衛生兵長はその占領軍の中にいた。数年後、除隊となり父母の住んでいるミネソタ洲の郷里へ帰ることになった。父母へのみやげをあれこれえらぶのも心がはずんだ。新教徒の彼は信仰心厚く、人を殺すということをおそれた。軍に願い出ると、それでは衛生兵として勤めよとのことだったという。私はこのようなことを聞き入れるアメリカというものを驚嘆したことをあざやかに思い出す。もっとも仕事は進駐軍の性病の手当てが主だったという。日本らしいみやげものとして一も二もなく決定したのは、北斎の浮世絵版画だった。帰還してこれを両親に見せると、

「私が想像していた日本はこれだ。なんと美しい絵だ」

と父は涙を流しながら賞めるのだった。後にこの一家はキリスト教伝道団として宮城県に全員移住し、永住している。ポーロさんは私の二十代前半におけるキリスト者の師であった。

私は英国に住んでいる間に、北斎展、歌麿展、広重展を観た。いずれも国家規模の企画による大展覧会で、日本国内で行われるこの種の浮世絵展と比べて、はるかにその作品数、内容において英国の方がすぐれている。北斎に関してはその生誕を記念するなどフランス、旧ソ連、中国の国家が大展覧会を開いた。

私の考えでは、日本が生んだ政治、文化、産業などあらゆる分野の偉大な人物を含めても、北斎を越える存在はないと言わざるを得ない。

葛飾北斎は一七六〇年江戸本所割下水《わりげすい》に生まれた。英国のウイリアム・ブレイクより三つ年下であるが一八四九年まで長生きし、生命力あふれる大芸術家として活躍した。絵の道も狩野派、住吉派、琳派、洋風画派まで研究し油絵もかいたのである。浮世絵と黄表紙の挿絵、漫画では特に天才を発揮した。

浮世絵はフランスの印象派に影響を与えたということが有名である。しかし浮世絵を見たために印象派が発生したというその手順が、科学的に明解に証明されるかどうか実にあいまいである。印象派というのは、印象的に人を感動させるからそう呼ばれているわけではないことはいうまでもない。クロード・モネが、あのタッチの目立つ画肌を作り、外光を重視した作品で、非常に個性的な作品を作り発表した。その作品名が「落日印象」という題名の絵だったので、当時のえらい美術評論家が、この下手くそな風変わりな作品を揶揄するために「印象派」と名づけたにすぎない。そういう点ではクールベの写実主義が彼自身の哲学に立って主張したこととは大分わけがちがう。モネのあの現在ではやわらかくすら感じる作風は、普仏戦争が一つの原因をもたらした。

フランスの明るい光が印象派の元祖の作品を作らせたと思いきやどうしてどうして、現実には暗く霧雨にとざされがちなロンドンでそれははじめて開発され、フランスへ持ち帰られたのである。モネは戦争をさけて英国へ逃げ、そこで生活しているうちにターナーやコンスターブルの絵を見、絵というものは現実に見える通りにかかなくてもよいという境地に達したのである。ちなみに英国の高校Aレベルの美術教科書は日本の美術大学の二年生ぐらいの高さの内容であるが、浮世絵は印象派の発生をうながしたとは述べられていない。

北斎の「神奈川沖浪裏」を発想の源としてドビュッシーは「海」を作曲した。

◆和漢洋の三つの要素

幕末から明治にかけて浮世絵は紙屑並にあつかわれ、瀬戸物を輸出した時の包み紙として使われていたものをフランスの画家たちが見て感動して高く評価したというエピソードはくりかえし語られる。印象派の画家たちといっても、彼らは官展には落選し続け、無名に近い存在だった。後期印象派になっても浮世絵を死ぬほど愛したゴッホやゴーギャンもまた典型的なまでに無名で貧しく死ぬより外なかった。

北斎や広重の浮世絵が欧米でうけ入れられた現象には理由があると私は思う。つまり、絵の構図にヨーロッパの透視遠近法がとり入れられているということがある。わかりやすいのだ。日本の伝統では例えば富士山は木花之開耶姫《このはなさくやひめ》の化身であり、霊峯の第一位、不二の山だから、中央に大きく、ありがたく尊くかくべきものだった。それを北斎は波の巨大な間や樽の円形の間から遠く富士をかいた。これは全く西洋近代の考えである。旧い日本の美術では尊いものは大きく、次なるものはより小さくかくのである。如来像が大きく両脇侍の菩薩像が小さく作られる理屈である。そして遠くのものは画面の上部にかく、これも一つの遠近法であって、心の問題を重く見た方法である。

透視遠近法の特質は、物は次第に遠く小さくなり、ついに地平線上で消える。平行線な

【8】北斎崇奉

喜多川歌麿（一七五三?〜一八〇六）「山姥と金太郎やんちゃ」北斎同時代に浮世絵に同じテーマで作った。山姥は着物の模様として柏を描く。葉守の神であることを暗示する。
阿伊染模写

2000年ごろロンドンに現れた北斎の影響を受けた巨大看板

らそこで交わる。この点を消失点と呼んでいる。この論を確立したのはイタリア初期ルネッサンス時代のピエロ・デルラ・フランチェスカだった。レオナルド・ダ・ヴィンチはそれを継ぎ、すぐれた作品を次々と作り、以後大流行して今日に至っているが、北斎たちはオランダ渡りのこの技法を完全に自分のものにして、それに雪舟以来の筆法を使い、旧くは「源氏物語絵巻」以来の彩色を行った。こうして和漢洋の三つの要素を以て偉大な芸術を為した。

浮世絵版画は集団的な作業によって作られた。例えば蔦屋《つたや》というプロデューサーがいて、北斎は原画をかく、それを彫り師が刻し、刷り師が刷る。すぐれた作品は一センチの巾に髪の毛二十本も表現している。色彩は多いものは八十版もの原版を作り、世界中どこにもないほどの多色版が作られた。しかもそれまでの多くの芸術は貴族や大名や高僧らの保護によってなされたものだったが、浮世絵の場合は主として江戸町人の支持によって彼らが買うから作られた。今日のサッカーのような具合である。サポーターは民衆なのである。

したがって版元は必ず売れる作品を作った。多くの作業員の生活がかかっていた。北斎のような絵かきでも、当時はただの画工にすぎなかった。浮世絵師は公認の芸術家ではないのである。たとえば官の絵師狩野探幽の場合父は孝信、母は佐々成政の娘であり、一六〇二年一月十四日に生まれ、一六七四年十二月十日に亡くなった、など彼の行状は年月日までくわしく記録されている。浮世絵師の場合は生没も定かでない人も多い。ましてやあれほどの技術を発揮した彫り師も刷り師もほとんど不明である。

◆リルケとドビュッシー

北斎の作品にとりことなった詩人リルケは「山」という詩を作った。一九〇一年以降に、

三十六回も　百回も
画家はあの山を描いた

にはじまる有名な作品であり、ここを起点としてリルケは次にセザンヌというものを理解するようになって行く。また音楽家ドビュッシーは北斎の神奈川沖浪裏に感動し、その円熟期に一九〇三年ごろから五年までもかけて、「海」という管弦楽曲を作り、その初版の表紙はあの巨大な波をそのまま使っている。

「精魂つきはてました」というまでの情熱だ。

◆古代日本の自然神の恵み

北斎はまたグリーンマン画家なのである。そもそも版画は民衆の要求なくしては作られなかった。彼は山姥をかいている。やまの神はカシワの木に宿る。つまり、はもりの神、なのである。歌麿もかいている。金太郎を育てる年増美人の女性で、その着ているきものの模様がカシワの葉となっていることで、その女性はただものでないことを暗示しているのである。

かつて日本の評論家が「何故こういうつまらぬものを作ったかわからぬ」といっていた図柄であるが、そこに日本伝来の葉守の神があり、田植のころには田の神となり秋の収穫後は山に帰って山の神となる女神なのだ。これを家にかざるものは幸運を招き、子供は丈夫に育つ、そこに民衆の要望があった。この図柄はキリシタン禁令の後は聖母マリア様と幼児イエスをも表現するカクレキリシタンの崇拝の対象ともなっていった。

北斎は日本の自然美をその人間生活との調和においてえがいた最高の芸術家の代表である。現在は忘れ去られた古代日本の自然神を体内に深く知っていたおかげで、その神の恵みをうけて、多くの浮世絵の傑作を世に残した。現代の日本人はこういう偉大な芸術家であり思想家である人物の実態をまだつかみきれていない。その多くは外国にあり、しかも日本国内ではこれを無料で見学、観賞する博物館とてない。英国ではヴィクトリア・&・アルバート博物館に行けば江戸時代の有名な浮世絵とその刷られるために使われた工程および原版を見ることができる。大英博物館には現在日本のすべての美術館が保有し展示している作品よりはるかに多い作品が収蔵され、たえず無料で見学できるようになっている。

日本が明治維新を行ったことは大きな意味をもつが、その最大の欠点は民衆が主人公となれない政治体制を作ってしまったことだ。美術教育も「お上がほどこすのだ」といい、美術工芸は後に軍事や産業に役立つために教育された。東京美術学校（現東京芸大）が設立されたときも岡倉天心には浮世絵の絶大な価値がわからなかったので、この専門の研究機関とて無く、現在に至っている。国民には図画手本というものが与えられ、その模写の上手な子が先生にほめられるというもので、自力で美術を観覚する力を養成しなかった。その後遺症は今も続いている。唯一日本人が民衆の力で自分自身の美術を作り、その価値を認めた奇跡が浮世絵だった。

【9】ウイリアム・モリスの「レッド・ハウス」

◆「小芸術」の理論

「アダムが耕しイヴが紡いだ時、誰がジェントルマンなどであったろう」

（ケルムスコット版「ジョン・ボールの夢」口絵より）

ウイリアム・モリスが芸術家であり、詩人であり、思想家であり、英国初の社会主義集団の創立者であったことを、この作品はもっともよくあらわしていると思う。人間と自然との交響を力強くとなえ、作品を創造するばかりでなく、社会主義運動も創立し、現在においても、百何十年間世界に影響を与え続けている。

モリスを全く知らない人がいるとしても、例えばここに『活字以前』の雑誌がある。各ページには活字が印刷された版面部分と上下左右にそれをつつむように余白がある。これがおさまる割合は中世の時代に作られた本から今日に至るまでほとんど一定している。これがウイリアム・モリスの法則という。

また今日多く見られるゴシック体は一九一六年、E・ジョンストンによって完成されたとされているが、その素を発想し印刷に利用したのはモリスなのである。

また昨今モリスの創作した柄は壁紙やつづれ織りの分野からはなれ、服の地やつつみ紙はては茶器の模様へと転化され、大リバイバルをし、世界に広がっている。

「家を建て、塗装し、建具をそなえ、そのための大工、かじや、やきもの師、ガラス細工、織物、染物などの職人は名もない人びとによって『小芸術』を成している。身のまわりのものを美しくする。これこそ真の芸術ある」

「人間の記録のうちで、歴史というものは王や武人たちの愚行と悪業の事跡である。しかしながら芸術は、創造を行ったがゆえに民衆を記憶している」

「大芸術家といえども、小芸術の精神にもとづかないかぎり真の秀作は創造はできない」

彼はこれらの実証を中世のゴシック美術の中に発見した――「小芸術」の理論は一八八二年までに完成。

ゴシック美術の中にグリーンマンを発見し、そこから学問的にそれを確立したカサリン・バスフォード先生と共に一九九六年にモリスについて語り、第一級のグリーンマンとして認めたのだった。そして先生よりその前にフィオナ・マッカーシィ著『ウイリアム・モリス』を送られていた。この本は近年に出版された最高のモリス関係の書である。

◆マナハウスの長所を参考に

ウイリアム・モリスは、一八三四年三月二四日、ロンドン郊外、エセックス州のウォルサムストウ村のクレイ・ヒルにあるエルム・ハウスで生まれた。父の名もやはりウイリアム・モリスで母はエンマ・シェルトン。父はウェルズ人で証券仲買人をやり巨額の金をもうけた人である。この年は日本では天保五年にあたり、前年には安藤広重の「東海道五十三次」シリーズの版画が出版され、また、頼山陽は『山陽詩抄』を発表していた。北斎は七十四歳で元気、「富嶽三十六景」は一八二六（文政9）年にすでに発表されており、北斎はなお十五年ほど生き続ける。

モリスは四歳でスコットを読み七歳で『アラビアン・ナイト』を読了するほどであった。一八五三年英国国教会の司祭になることをめざして、オックスフォード大学のエクセター校へ入学した。試験の時から机を並べ、共に入学して生涯の友になったのが、サー・エドワード・バーンジョーンズである。この人が「ジョン・ボールの夢」の口絵の中のアダムとイヴの絵をかいた。二人の師はダンテ・ゲィブリエル・ロセッティだ。

実はこのラファエル前派の画家の影響を強く受けたのが歴史画でも有名な藤島武二である。「みだれ髪」などの表紙はモリスなくしては考えられない。藤島の弟子が「赤い鳥」

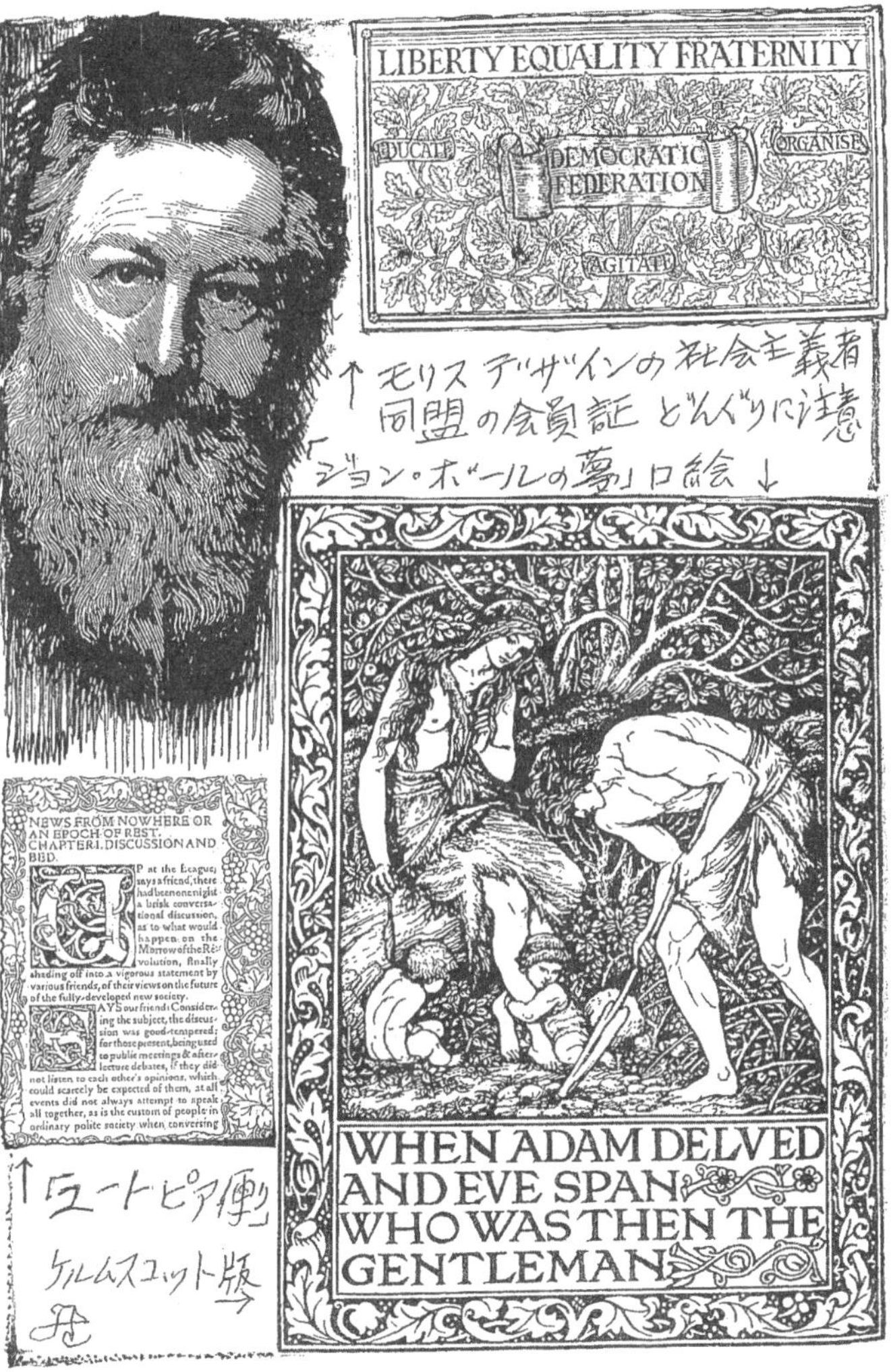

ウイリアム・モリスのデザイン諸作品

の表紙をかいた深沢省三であり、私のデッサンの師である。

モリスの話にもどすと、バーンジョーンズ共々司祭になる道をやめ、芸術の道へと転換した。これは世界近代美術、工芸、建築デザインにとって幸運をまねいた。モリスは二十五歳の時に師ロセッティのモデルであったジェイン・バーデンと結婚し、二十六歳の一八六〇年レッド・ハウスに移った。この家こそモリスの思想をもとに造られた理想の建築で、中世のマナハウスの長所を参考にし、使用する人の目的に合った機能美をもつ家と建具や家具装飾物全体が調和している。この家は世界近代建築史上一紀元を画するものと、誰しも認める。この思想はドイツのグロピウス率いるバウハウス運動に深くとり入れられ、これがナチスによって廃されたあとには芸術家たちがアメリカのマサチュウセッツ工科大学に移り、そこから現代美術工芸が世界に広がっている。

ここで用心しなければならないのは、だんだんアメリカ思想が入りこみ、用の目的と合理主義と金もうけ主義が混入し、日本の戦後には全くゆがめられた状態で入り、鉄筋コンクリートの、人間性を失った形として現在の手抜き工事へと変転してしまっていることだ。

◆水車場にマートン・アビィ工場

一八六一年室内装飾専門店を開いた。モリス・マーシャル・フォークナー商会で、この運営は彼の共産主義の最初の体験といわれている。この家でそれは行われていった。

私はオックスフォードに三年、ロンドンに七年住んで、モリスの研究には大へん都合が良く、現在残っているモリス関係の場所・建物など、ほとんど訪ねた。モリスが育ったウオーター・ハウス、レッド・ハウス、別荘のケルムスコット・ハウス、マートン・アビイの工場跡、その他酒場ダヴに至るまで実に一ヶ所として感動しないところはない。モリスについての万巻の書を読んだとて、彼の座した酒場の腰かけの具合まではわかるものではない。なかでもレッド・ハウスの見学はたいへんだった。現在これは個人の住居であり、易々と中へ入れるものではない。私は一所懸命たのんで持主と会い、見学を許された。ここでは壁紙の木版原板も見せてもらった。そしてそこで聞いた事実としてなぜこの建物がここに建てられたのか。ロンドンの東アプトンはカンタベリー大寺院への巡礼の途上にある。モリスの中世美術への愛がそこにあるとご主人は言った。

モリスは思想を詩また論文、小説でも表現し、四万二千行の大作『地上楽園』の詩、ギリシャ・ローマ神話の研究もし、特にアイスランド語を習得して「アイスランド・サガ」などの伝説、神話を訳し本にして出した。四十歳すぎよりは社会運動を激しくする。一八七七年ごろにはアフガニスタン戦争反対委員として大集会を計画した。一八八四年に社会主義同盟を設立した。その機関紙『コモンウィール』(The Commonweal) を編集していたが、これにはエンゲルスやマルクスの娘エリノアも寄稿していたし、モリスの共産主義思想は本格的なものだった。

モリスは小芸術理論と共産主義理論とを実現するためにロンドンの西南のウォンドル川の水車場に一八八一年以来マートン・アビィ工場を建設した。この建物は十七世紀のものであったが、彼はこれを保存しながら設備を加え、一人ひとりの職人が染色の仕事をするとき芸術家として誇りをもつようにした。このやり方を宮沢賢治が研究して、羅須地人協会を運営しようとしたものだと私は以前述べた。ここは今酒場《パブ》として変身しているが、モリスの記念は十分なされていて酒をのみながらモリスの勉強もできるのである。モリスは一八七七年「古建築物保護協会」を組織し事務局長になった。この年オックスフォード大学の詩学教授という最高の位をすすめられたが、そこへ行かず、民衆運動の方をとったのである。この協会の精神と自然保護の精神とは後のナショナル・トラスト運動へ、はてはユネスコの世界遺産保護運動へと発展してゆく。

◆バーナード・ショウと共に

あるときBBC放送のニュース生放映を見ていると、道路拡張工事のため貴重な樹木を切るという。それに反対する人びとが自らの体を太いくさりで樹にくくりつけ官憲と対している。それを強制撤去させると機動隊がゆく。カメラは隊とともに進んで現場へと丘をこえてゆく。と、丘のしげみの中から美少女があらわれた。二つの乳房を朝風に吹かせ全裸で荒武者らと対決である。私はなぜかアメノウズメを思い、また百数十年前ウイリアム・モリスが樹木を守るため、それに抱きついてはなれず私の体ごと切ってくれと抗議したことを思い出した。

オードリィ・ヘップバーンは英国の誇る女優であった。ロンドンの青果市場はコベント・ガーデンとして有名で、ここの花売り娘イライザ・ドゥリトルをヘンリー・ヒギンズ教授が言葉を直し、躾をし、上流の美少女に変身させようとする。有名な「マイ・フェアレディ」である。原作はバーナード・ショウである。

一八九三年五月「英国社会主義者共同宣言」をモリスと共に起草したのがこのバーナード・ショウだった。モリスのもとには弟子とも友人ともいえる人びとが集まった。オスカー・ワイルドもその一人である。クロポトキンやW・B・イエイツらも集まりのメンバーだった。その他、枚挙にいとまもない。

エンゲルスは科学的ではなくユートピア社会主義者であるとモリスを見取ってもいた。

一九九〇年代初頭、私はオックスフォード・カレッジの外国人英語科の正規学生だった。同級にソ連の将校でヴィクトリー氏がいたが、「この国は女王を戴いてはいるけれども、わが国よりもはるかに共産主義の本筋を進んで実行されている」と感激していった。数年後ロシアを二千キロ旅をしたが、彼のいう通りに感じた。モリスの共産主義はロシアのようなはげしい革命のものにくらべると、エンゲルスの言葉通りかもしれないが、漢方薬的にじっくり効いているように思える。英国人と話していると最も大切ものは神でも女王でもなく、民主主義が第一である。肉屋も八百屋も論争の結着はそこへもってゆく。英国人はロシアの共産主義がつぶれたことをさほどおどろかないように見える。ウイリアム・モリスの思想をもっているからであると、一人の英国人の友人が私にいう。

マートン・アビィで私が思うことは、彼は北斎や広重の影響は受けなかっただろうかということである。彼の弟子で協力者、最も身近なウォルター・クレインは浮世絵の影響を強く受けた。モリスの版画のりんかくが後にくっきりとした状態に発展したのは、浮世絵の影響かもしれないという思いが今もってぬぐいきれない。

一八九六年はモリスを尊敬しながら死んでいった宮沢賢治が生まれた年だ。モリスはそれから一ケ月ほどして十月三日ロンドン西側テムズ川のほとりハマスミスの自宅で死去した。同月六日ケルムスコットの教会墓地に埋葬された。

ある時私はロンドンからテムズ川上流二百キロほどのこの閑静な寺へ行き墓にお参りした。フィリップ・ウェッブのデザインだそうである。ウェッブはモリスが新婚の時に住むあの世界的に有名な「レッド・ハウス」の図面を引いた建築家である。こんどは永遠の家を設計した。この墓がレッド・ハウスを思わせ、中世の農家を感じるのも無理はない。

私はハッとした。その石に彫られた屋根の中央にどんぐりの小枝が表されていた。

ウェッブもモリスをグリーンマン——ドングリの木に宿る霊と思っていたのか。

ウイリアム・モリスは二六歳のとき、一八六〇年新築のレッド・ハウスに新婚生活の場を移した。この建築は世界の近代デザインの一紀元を画した。現在は個人住宅。阿伊染画

【10】夏目漱石とグレン・グールド

◆カナダ生まれの天才ピアニスト

グレン・グールドが息を引きとったとき、そのベッドのそばには唯二冊の本が残されていた。一冊は聖書だった。もう一冊は『草枕』だった。一九八二年十月四日午前十一時三十分、月曜日の午近くのことである。

二十世紀に入り、世界最大級のピアニストであり、思想家だったと私は信じている。バッハの曲を新たに解釈しなおし、一見ハープシコードのようにも聞こえる卓越した指さばきで、右手で何やら不思議な、霊を呼ぶようなしぐさにも見える。左利きの人だった。このアーチストの思想と、演奏への態度が完全なグリーンマンなのだと認めざるを得ない。「北」を愛し、「北の理念」というラジオ放送番組も作ったが、その北の湖のほとりの大地、環境の一部と自分がなりきること、それが永遠に終わることのないよう願うといっている。このカナダ生まれの天才について、やはり私はその先祖のことを考えざるを得ない。父はラッセル・ハーバード・グールドという裕福な毛皮商であり、母はフローレンス・グリーグ・グールドという声楽教師だった。あのノールウェイのグリーグはこの母のおじいさんのいとこだった。グリーグ家はマックグレゴリアというスコットランド人がノールウェイに渡って、その名字をちぢめて呼んだのであるという。「マック」(Mc)はアイルランドでは日本で分家というような言い方で、マックアーサーはアーサーの分家、マックドナルドはドナルドの分家という感じで、私の村で林の分家が小林、田島の分家が小田島といった具合に「小」のようなものだ。スコットランドとは「アイルランド流れ」の意味であるから、彼らは非常に芸術的に誇り高い民族である。グールドにもずっとそれが流れていると思うのである。

一九三二年九月二十五日トロント生れで、私たちと同じ三〇年代の人だということも親しみを感じる。三歳ですでに楽譜を読み絶対音感をつかんだ。一九五二年九月八日カナダで初のテレビ放映、以後ニューヨークのタウン・ホールを皮切りに全米で活躍、一九五七年五月三日より戦後はじめてアメリカ人・カナダ人のうち唯一人ソ連に招かれ、大センセーションを巻き起こした。一九五〇年代から七〇年代にかけて、バッハの曲をピアノ演奏してレコーディングされているのはこのグールドのみであるという。現在宇宙に向けて飛び続けている宇宙探査機ボイジャーには彼の平均率クラヴィヤ曲集などの演奏の曲が積まれている。私にとっては昔若いころ、照明の仕事をしていたとき、ナット・キング・コールを生で聞いて感動して以来の出来事だった。

ところがグールドは三十二歳でぴたりと演奏会を止めた。かねて宣言した通り、実行に移し、以後は一九八二年に五十歳で亡くなるまで一度も公演はしなかった。

現在グールドの曲は多数のＣＤやその他エレクトロニクスの技術による録音、録画で鑑賞できる。すごいことに、彼は人前で拍手喝采を受けることを「悪」と考えるようになってしまった。そのかわり、録音、録画で残し、それを通じてわれわれが鑑賞することを最善とした。そのおかげで「生演奏」でなければ本当の鑑賞にならないという神話をうちこわしたのである。もはや彼のＣＤを聞くだけで正しい鑑賞をしたことになるのだ。

◆『草枕』を愛読したグールド

伝統を重んじそれにがんじがらめになっている評論家たちを「ファン・メーヘレン・シンドローム」と断じてしまった。メーヘレンはあの有名なオランダのバロック画家フェールメールの偽作を多く作り、しかも何年間もばれることなく、超一流の評論家たちをして真作と認定させ続け、一流の美術館に展示され続けた。それを見破ったのはある素人の、フェールメールの信奉者だった。それは世界美術史上に残る一大スキャンダルとなり、今

【10】夏目漱石とグレン・グールド

阿伊染構成

まで偽作を支持してきた一流の評論家や学者は失脚に追い込まれたのだった。

グレン・グールドはこのメーヘレンを、現代社会においてはもはや誰も告発する資格なしと断じてしまった。人前で演奏会をしなくなったグールドは哲学的に深まっていった。一九六七年にセイント・ザヴィエル大学教授ウイリアム・フォーリ（William Foley）から送られた〝The Three-Cornered World〟即ち、アラン・ターニーの英訳本『草枕』の愛読が続いた。あるとき妹のジェシーへ電話して、あの中編小説全部を終りまで朗読したというのである。夏目漱石とか宮沢賢治のように霊感を信じる人だった。

ここで夏目漱石の滞ロンドン、特にわが街トゥティングに住んで将来の生き方を探った様子を考えたい。なぜかというと、近代日本文学のうち、『草枕』は最高の作品であり、特にグリーンマンの眼で見た場合、空前絶後のものと私は信じているからである。だから、グールドの一件は非常に心強いのである。次に二〇〇〇年に書いた私のノートより感想を記しておきたい。

◆池田菊苗と議論

夏目漱石は一九〇〇年秋ロンドンへ来た。一九〇二年の冬帰国するまでの間に四回引越しをして、その三番目の場所がここトウティング（Tooting）だった。今では市の中心ヴィクトリアへ出るにも地下鉄で三十分ていどのところであるが、当時は汽車と馬車とがたよりでかなり時間がかかった。一九〇一年四月二十五日に移ってきたが、このまちの印象は極めて悪く、日記には「聞《きき》シニ劣《おと》ルイヤナ処デイヤナ家ナリ」と記されて、住んだのは八十七日間だけだった。

そうはいってもここで初夏を迎えたわけで、英国における一番よい季節をすごしたので楽しく、心も充実した重要な日々もあったことがわかる。特筆すべき一件は、科学者池田菊苗がドイツから同家に越してきたことにはじまる。菊苗は双方帰国後、『草枕』発表の二年後に「味の素」を創製した人物である。彼は漱石より四年前に東大を卒業していた。菊苗は強烈な論客でもあり、漱石は彼との議論に興奮しつつ、ひげをひねり過ぎて痛くなってしまう。彼らは共に若草もえるトウティング・コモンへ散歩に行く。

実は私は若いころ文京区千駄木町に住んでいたがそれは旧漱石宅跡の近くだった。今回もまた異国にあって偶然にも旧居の近くに家を持った。自分も散歩をし、草木のスケッチに行くのもこの公園である。樹齢五百年ほどのどんぐりの木がそびえている。彼らも見上げたことだろう。

また男女の対《つい》が「草原ニ座シタリ中ニハ抱合ツテKissシタリ、妙ナ国柄《くにがら》ナリ。」などと五月二十二日には記してもいる。

漱石は三階の部屋に住み、ものすごい騒音になやまされた。その経験が『カーライル博物館』に記されている、江藤淳はこの部分を『漱石とその時代』で深い心理的苦悩と重ねて論じているけれども、なにはともあれ、現地に住んだ自分の体験では、一階二階とも静寂そのもののわが家でも三階の窓をあけると、たえがたいほどの車やら列車やらの騒音が聞こえるので、まずは物理的な音の問題を主に考えたらどうだろうかと思う。彼の旧居はそのままの建物で駅近くに現在もある。私の住んでいた家も一八八〇年に建てられたままなのでよくよくわかるのだ。

漱石は友人の刺激によって、新たな目標が湧き起こった。「文学論の構想」、「自己本位の確立」、「教師をやめ人のため国のためになれるように」。後に最も有名になる彼の生き方の基本がこの地できまった。彼はここに住んでいる間にもウイリアム・モリスやスウィンバーンの研究をしている。後に「心」を出したときの表紙の原画は周の石鼓文の拓本をもとにしているが、箱張りの原画はまさにウイリアム・モリスのデザインに似たものであるし、さかのぼって『我輩ハ猫デアル』などほとんどモリスのケルムスコット版の影響である。

六月二十六日池田菊苗がケンジントンに去った。漱石もそれから一ケ月せずして七月二十日にクラッパムコモンへ移った。今までよりはるかに立派な部屋である。彼は学校には行かずにクレイグというシェークスピア学者について勉強した。この先生はアイルランド人であり、なまりも強かったようだ。後に岩波文庫に見られる『リア王』はこのクレイグの研究したものを基にしている。クレイグはプライドが高く、「英国人などに詩はわからぬ」などといっていたようである。一時間五シリングの礼金を払った漱石が文部省からもらっている留学費は月百五十円でとても苦しい生活だったので、大学は無理だったのである。当時十二ペンスで一シリングだった、二十シリングで一ポンドだった。それは約十円相当だった。お茶をのむと六ペンスぐらいだった。

◆グリーンマン劇作家・シェークスピア

私がはじめて英国へ行った一九六六年にはまだこのややこしい金の数え方だったが、今は十進法で一〇〇ペンスで一ポンドであり約百七十円ぐらいだ。漱石は初めてロンドンに着き、「御殿場の兎が日本橋に立ったようだ」といっていたが、ついに心で納得するもの少なくして一九〇二年十二月帰国の日本汽船に乗った。『文学論』の序で、「倫敦に住み暮らしたる二年は尤も不愉快の二年なり」という言葉は後にあまりにも有名になった。Anglophobiaという独自の単語があり、英国ぎらいをいっている。ルソーなども一寸英国に住んだのちこの種の人になったと思われる。しかし漱石の場合非常に感動したものもあって、それは英国の自然だった。デンマーク・ヒルとかハムステッド・ヒースなど閑静・風雅と褒めているのである。クレイグはシェークスピア研究家であり、シェークスピアこそ史上最高のグリーンマン劇作家である。したがってこの先生からの影響と漱石自身が生来もっている素質が共鳴した可能性があると考えるのだ。

ともかく、「汽船、汽車、権利、義務、道徳、礼儀」とうるさいロンドンに疲れ果てた。東京では今の文京区千駄木にあった森鷗外の旧居に住んだ。ここで外国文化からの独立を目指し「天地開闢《かいびゃく》以来類のない」小説に挑戦する。『草枕』の筆が執られた。全く同時進行で「猫」を書き、圧倒的に有名になりはじめた。しかし『草枕』こそ本命である。俳句の精神、能楽の構成を使い「非人情」「憐れ」の追求の旅をする画工が主人公である。

「山路を登りながら、こう考えた。智に働けば角が立つ。情に棹させば流される。」と俗世を逃れてゆくのは漱石の分身だろう。峠の茶屋で会った宝生の舞台で見たような高砂の媼《おうな》そっくりの婆さん。媼は能において聖樹老松の神霊即ちグリーンマンである。大地の母なのである。その案内でたどり着いたのは秘湯那古井。湯宿の出もどり娘、那美さんはオフェーリアに似た美人とあり、しかもただの女でない気配がただよう。彼女の名那美は即ち伊邪那美命と同じである。イザナミ神は日本で最初に結婚し、最初に離婚した女神なのだ。これまた万物の母であり大地の女神で、さきほどの峠の媼はこの流れの序曲だったのか。画工は「黒い所が本来の住まい」と、那美さんの中に神代の姿を見る。椿の花の散り浮かぶ水に流れ死に行き、その様を描かせたいと那美さんは願望している。これは直接にはJ・E・ミレー画「オフェーリア」の影響だ。自然を徹底してリアルに描き、草と花とに枕し包まれながら水に没して自然に帰ってゆく。ラファエロ前派のグリーンマン哲学の最高傑作である。キリスト教の浸礼、神道のみそぎ、自然へ回帰し再度回生と、日本、英国共通の古代からの流れである。これより先に漱石は『薤露行《かいろこう》』を書き中世の騎士ランスロットとエレーン姫との悲恋を語り、グリーンマン騎士ランスロットへの純愛が咲かずエレーンが水死する物語を述べている。

◆親友ベンジャミン・ブリティン

グレン・グールドが唯一尊敬していた音楽家はS・リヒテル（Sviantlav Richter）だった。そしてリヒテルは英国のベンジャミン・ブリティン（Benjamin Britten 1913-1976）と、親友であった。このことをピアニストの浜武泉さんから聞いたとき、大きく納得したのである。ブリティンこそ英国が生んだ偉大なるグリーンマン音楽家であると、私はかねがね信じていた。彼は人間と自然との調和を求めて、中世以来の民謡を発掘し、英国音楽を改めて現代人に提供した。「柳の園のほとり」一曲だけでも即座にそのすばらしさがわかる。彼の流れにはジョン・レノンとポール・マッカートニーの「ヘイ・ジュード」が一九六八年に作られ、英国伝統音楽が生かされた金字塔として永遠に輝き続けるだろう。
漱石がいよいよ日本への帰国を前に謎の旅行をしたことは、長い間不明な点が多かった。しかし実は、最後に、英国の自然にひたりたいと、スコットランドのピットロッホリイに行ったのだったことが解明された。私はこれは『草枕』だったのではないかと信じている。そして、それはまさにグレン・グールドの父祖の地であったことは単なる偶然ではなく、彼のような霊力のある天才のみが知る共通の世界があったのではないだろうか。
このように漱石自身はグリーンマン哲学を直接知らなくても、完全なまでに身につけていたからこそ、「どんぐり感」という発想が出た。明治四十年に『ホトトギス』に愛弟子寺田寅彦の「やもり物語」が載るにあたり、次のような手紙を送った。前を略するが、「文章の感じは君の特長を発揮している。矢張ドングリ感、龍舌蘭感である。此の種の大人しくて憐で、しかも気取ってゐなくって、底にハイカラを含んでゐる感じは外の人には出しにくい。」（後略）
私は二十数年前別冊『太陽』（平凡社）でこれを知り、なんとすばらしい不思議な天才的な評なんだろうと思っていたが、それから十年後英国に移住し、偶然に自然と人間の調和の神グリーンマンを知った。そしてそれはいつもは、どんぐりの木の中に住んでいる。

日本においては平安時代頃まで同じ神が葉守の神としてやはり、どんぐりの木に宿っていたのだった。

『草枕』の画工は全く画を描けずに日がたっていたが、ついに那美さんの中に「憐」を見出して物語は終る。まさにどんぐり感の文なのである。漱石は百年前に、近代文明の先駆英国の中に環境破壊と人心の荒廃を見ぬき、日本が追従する愚かさを指摘しながら、近代文明の病をいかにいやすかという難問に挑戦を試みた。『草枕』以後誰にもこれに並ぶグリーンマン小説は書かれていない。

夏目漱石が池田菊苗と共に住んでいたトゥティグの家。ツタのからまる三階／阿伊染画

【11】宮沢賢治と清六兄弟の気圏

◆フクロウとカシワの木

岩手から電話が入り、六月十一日（二〇〇一年）に宮沢清六さんが亡くなられたと知らされた。たしか九十歳も半ばを越え、兄の賢治よりも約六十年間も長生きをされたと思う。

私は画室の棚の上に箱入りのガラスのフクロウを安置してある。これは宮沢賢治がデザインし、弟の清六さんがそのとおりに製作されたもので、フクロウは賢治によって疾翔《しっしょう》大力菩薩《たいりきぼさつ》という仏として信じられていた。この鳥は柏の木と深い関係があり、私にとってはグリーンマンの研究に大いに関心を呼ぶものだ。賢治作の『かしはばやしの夜』はたいへん有名であるが、柏の樹たちが人間のごとく話すこの物語りも疾翔大力と関わっているのだと思う。

宮沢清六さんからフクロウをいただいたのは一九九四年の十一月二十四日のことだった。私たちは実に親しく語り合うことができた。そしてその時『春と修羅』という詩集につい

て語ったのだった。その中の「春と修羅」というところに

いかりのにがさまた青さ
四月の気層のひかりの底を
唾《つばき》し　はぎしりゆききする
おれはひとりの修羅なのだ

この美しい七五調のところを質問した。その前に「賢治さんはどのような言葉でふだん話しておりましたか」と聞くと、「今話しをしているあなたやわたしと同じでしたよ」といわれた。そうかそのはずだよなと心の中で何かほっとすると、「標準語でも話してましたよ」ともつけ加えられた。学校の先生だったのだ。

宮沢賢治は一八九六年に岩手県の花巻に生まれた。清六さんはそれより七歳年下に生まれた。私は賢治が亡くなった一九三三年の年から一年と数ヶ月後に隣の村（合併によってそうなったのだが）に生まれた。賢治流にいえば全く同じ気圏の所に生まれたので言葉もほとんど同じなのだ。おそらく清六さんの言葉はこの世の中でもっとも賢治に近いのではないだろうかと思いつつ語り合った。清六さんは私などにくらべるとはるかにおっとりと、

しかも一語一語かみしめるようにまた自信をもって語り、仏教に心を向けるように、特に「南無妙法蓮華経」とお題目をとなえることが一番大切であるといわれ、「ナム・サダルマ・プンダリーカ・スートラ」ととなえてもよいのだといわれ、「私はどちらでも好きにとなえるのですよ」とのことだった。

宮沢家はもともと非常に熱心な「南無阿弥陀仏」の信心の家だった。まわりも「かくし念仏」も多かった。賢治も幼いときからこの流れにひたった育ちをした。二〇代半ば日蓮宗にのめりこみはじめ、「南無妙法蓮華経」をはげしくとなえはじめ、そしてそれはまるで異質宗教だったのである。当然家族は昔からの信心をおいそれと変えるものでない。賢治は親孝行であり、家族思いだった。理解してくれるのは二歳年下の妹トシだけだった。賢治はたいへん感激しやすい性質だった。私の同級生の小笠原匡君の母トモさんは実は花巻女学校でトシさんと同級生で一九九八年九十九歳で亡くなられたばかりであるが、女学校のとき友だちのトシさんのところへ遊びに行くと

「トシコー、トシコー、出来《げ》た、でげだまんず聞げーッ」「聞いでけろぅ」と興奮して青草の上を小さなノートをもってごろんごろんところがりまわり、そしてわれわれが知る有名な詩を大声で読んで聞かせるのだったという。

そういう賢治であるから、ふっ、と浄土真宗の家の宗教「南無阿弥陀仏」にもどる。そ

Evening Herald, Friday, March 14, 1997

Tokumi Ayzen shows his work to fellow artist Peter Atherton

Bridging the East-West cultural gap

SCHOOLS and community groups have been crossing the Anglo-Japanese cultural divide thanks to artists staging an exhibition being hosted by the Toshiba factory in Plymouth.

The touring exhibition called Bridges, which features works of art by British based Japanese artists and by British artists influenced by Japan, is showing at the Toshiba plant in Ernesettle throughout this month.

Artists from the exhibition have been running a series of workshops in Japanese art for schools and community groups.

And Toshiba staff, who have been able to enjoy the art during their lunch breaks, will be able to join an art workshop tomorrow along with their children.

A number of local schools will be visiting the exhibition and taking part in workshops at the factory or in their own classes.

Next week pupils from Ernesettle Junior School will be learning Japanese dancing and Weston Mill Primary will be attending a workshop on Japanese style painting.

Sixth formers from Ivybridge Community College will be learning woodblock printing and students at John Kitto College papermaking.

Success

Adult calligraphers will also be taking part in workshops on lino cutting and Japanese calligraphy.

Maxine McAdams of Toshiba said: "The idea is to build links between art, industry and education and to knock down the cultural divides between the UK and Japan. It has been very successful so far and there has been a lot of interest from local schools."

The exhibition, which is being staged by a charity called the Daiwa Anglo-Japanese Foundation, has previously been shown at the Toyota plant in Derbyshire.

宮沢賢治の「銀河鉄道の夜」とグリーンマンは密接につながる。このことを講演と作品で発表すると英国はもとよりヨーロッパ各地で理解された。〔イブニングヘラルド紙〕

してまた、はっ、として「南無妙法蓮華経」「ナムミョウホウレンゲキョウ」ととなえだす。つまりこの両方の信仰へ行ったり来たりする。「はぎしりゆききする」とはそういうことなのだと清六さんはいわれた。私はそれまで何十年間も、賢治の心の奥深くの仏への帰依とまた自分でもゆるしがたい修羅の心とのゆききと思っていたので、それは非常におどろいたのだった。賢治の父は賢治死後も二十年間も法華経にならなかった理由がわかるような気がする。

私が生まれるすぐ前まで村の青年たちの多くは、賢治先生をお招きして勉強会なども受けていたのでその影響は生なましく残っていた。

「無声慟哭」の中の名作の「風林」という詩は（かしわのなかには鳥の巣がない／あんまりかさかさ鳴るためだ）にはじまる。

（略）

《伝さん　しゃつ何枚　三枚着たの》
せいの高くひとのいい佐藤伝四郎は
月光の反照のにぶいたそがれのなかに
しゃつのぼたんをはめながら
きっと口をまげてわらってゐる。

（略）

敗戦後のころ私の母校和賀郡岩崎村立山口小学校の校長先生を勤めていたのは、山田伝四郎先生であった。父とは非常に親しくしていて伝四郎先生は夕方家に来、囲炉裏の南側客座にあぐらして、きのこや菊の花のつけ物やいかのきりこみなどでドブロクをすすっていた。この人こそ「風林」にうたわれている佐藤伝四郎、その人だったのだ。

新制中学校が最初にはじまったので、一里の道を歩いて通ったが校舎も教科書もないに等しかった。小学校の体育館で正座して勉強が始まった。教師らはただただ自分の知識を全力で伝えた。男の先生は軍服から階級章をはずした姿であり、女の先生も多くは自分で縫った着物をきて頑張った。その中で沢田俊衛先生は理科で、花巻農学校で直接に宮沢賢治から習ったことを誇りとし、村の少年少女に熱をこめて語り伝える。あの国定教科書にのっている「雨にも負けず」の「玄米三合」は四合のはずだとおこっていた。

◆心象スケッチ『春の修羅』

私の兄徳夫は陸軍士官学校をなかばで敗戦を迎え、無口の人間となって帰って来た。家の東の田んぼでいつも物思いにふけっていた。しかしある日決心をかため、宮沢賢治に見習って地質の研究者として再出発をした。戦後はいつも停電で、東北の山深い村の夜空は真の暗黒だった。一方そこには最も美しい赤、黄、青に輝く星たちがいた。賢治流れの浪漫的銀河を眺める目を開かせられたのは兄による。彼は後年花巻に宮沢賢治の記念博物館を作るとき、その地質関係の展示を担当した。中学校や高等学校の理科の教科書の地質の部分は兄の筆になる部分が多い。高等学校へ上がると一年生の時に学んだ黒沢尻南高等学校の庭には賢治育苗のギンドロ樹が今も茂っている。と私は次から次に出てくる思い出を、まるで宮沢賢治と何とかして関係づけ、接近を求めるかのように清六さんに語った。

その他には、東京に出て北区立清至《せいし》中学校で美術科の教員となったとき、その学校の校医さんで佐藤隆房博士（一八九〇～一九八一）がおり、修学旅行や夏の施設など共に仕事をし、十余年のおつきあいをしたのだった。博士は東南アジアの戦線では戦死者を焼く毎日だったという。それ以前に清六さんが青森県弘前の鎮台におったときに、実は軍医として在って、この兄弟とは密接な関係にある人だった。世の多くの宮沢賢治に関する本は根本的にこの人に負うところが大きい。この医師こそ賢治の死の床で最後を看取った人であった。私は多くの実録を聞いたけれども今は記すことをひかえておこうと思うこともある。盛岡中学校では野球の投手として甲子園に出たことを誇りとしておられた。

『春と修羅』は、心象スケッチと題名の前に冠されている。中におさめられている「春と修羅」にも（Mental sketch modified）という語が題名のあとに付されている。この

「スケッチという言葉は問題があるのではないでしょうか」と私は清六さんに問うてみた。私の考えはこうである。

われわれ絵かき仲間のあいだでは「スケッチ」という英語は普通写生と同じく考えて使われている。私にとっても長い画家生活、美術科教員の生活の中でこれは重要な用語である。写生とは見ながらかくことと思っている。これと関係した言葉でデッサンというのがある。画学生らが木炭紙に柳や桐の木を炭にやいたものでミロのヴィナスやアポロ像をかくあれである。もう少しなれてくるとクロッキーなどをやる。これは鉛筆を用いてスケッチブックに早がきすることでヌードモデルをよく使う。いずれも基本的には色を塗らない白黒の作品ができる。私は正直いってデッサンはスケッチではないと思っていた。しかし実は前者はフランス語、後者は英語で同じ意味である。『広辞苑』でも、略画、写生画、下絵、素描、エスキス→クロッキー、などとなっている。この写生画というところがくせものであって注意を要する。

英国では水彩画用紙に水彩画で色をつけた風景画や静物画をスケッチとはいわない。したがって油絵具で彩色したスケッチというのもコンスタブルの特種な下書きをのぞいてはスケッチといわないのである。例えばレオナルド・ダ・ヴィンチの有名な、異様な、怪異人間像は世にあるべきものではなく、写生不可能な空想画であるが非写生画であってもスケッチという。だから日本や中国の水墨画を完成品と見なすことができず、スケッチと長らく思いこんでいた欧米の美術専門家もいたほどだった。写生はドロウ（draw）を使う。

いろいろ例をあげた上で、賢治の「心象スケッチ」とは彼の心の中を写生したものではなく、まさにゆききする心の中をためしがきし、失敗し、気をとりなおし、そして前進してみる。そういうものではないかと思うと、るる清六さんに述べた。実際、賢治の作品のすべては英国でいうところのスケッチであると強調した。清六さんは「いやあおどろきました。はじめてこういうことをきいたなあ。ためしがきですか」といわれた。

賢治自身が、『春と修羅』について「詩ではない」と友人の森佐一（荘已池）にあてた手紙でいっている。「これからなんとかして完成したい」と願い、「粗硬な心象スケッチ」といっているのである。賢治は盛岡でアメリカ人から直接英語を学んだ明治人であることを思えば、『宮沢賢治全集』第一巻（ちくま文庫）にある「心象スケッチ」の解説や同所を論じた吉本隆明の『宮沢賢治』（筑摩書房）は、はがゆい。

ついでにいうと、正岡子規が写生を大切に考えたということは有名なことだ。日本から文学者や学者が訪英し、ロンドンで彼らの英語による講演を何回か聞いた。そのとき「写生」をスケッチと云って説明する。

鶏頭の十四五本もありぬべし　子規
さみだれや大河を前に家二軒　蕪村

これらの句のどこが、英国人にとってスケッチというのか理解できないのである。芭蕉の『奥の細道』を例にとって私なりに説明するならば、山形大石田の現地で作った句と「細道」の句では、

五月雨をあつめて涼し最上川　スケッチ
五月雨をあつめて速し最上川　「細道」

後者は帰ってから練りなおして完全としたものだから、こういう考えは成り立つと思うのだ。つけ加えると蕪村の有名な絵はまるで写生ではない。「十便十宜図」は清の文人文季笠翁の生活をかいたものであり「奥の細道」の絵も空想の作品である。

◆賢治作品と花巻弁

アイルランドは長い間英国に征服されていた。二十世紀に入って独立を勝ちとって、ま

すます民族主義が表にでてきた。英国に対する反発のひとつとして、おしつけられた英語に言葉を統一しようとする力に対する反作用だ。多くの人民は英語で生活しているが、国語はゲール語という過去のケルト文化以来の言葉である。ところが、あの北海道ほどの広さの中に住む数百万人の間で何種類にも別れている。そこでアイルランドではそれらの残っている土地土地の言葉をそれぞれ認めていることである。日本にたとえると、アイヌ語、琉球語などそれぞれを国語として独立的に認めている状態ということができる。

宮沢賢治は花巻あたりの言葉をできるだけそのまま使って、詩や文章の中に生かしていることが問題にされる。賢治に関する本の多さにおどろく今日この頃である。無名のままに死んでいった人の詩魂が、逆に生きている有名人を救ってやっている観がある。詩の朗読会も多い。しかし残念ながら勝手な詠嘆的な感想文や思い入れが多いように観ぜられる。

（うまれでくるたて
こんどはこたにわりやのごどばかりで
くるしまなあようにうまれてくる）

永訣の朝

賢治作品の朗読者がもっとも好んでとりあげるもののひとつが「永訣の朝」である。だが驚くことには、これほど不正確に詠まれる詩もないのである。妹とし子が死の直前に兄に対して云った言葉である。まず傍線部分はこの文字通り読むといけない。わりや（Waræ）なあようには（næyôni）と発音しなければならない。最後の「うまれてくる」は東京弁のような発音で、「うまれでくる」としないのが、とし子と賢治のハイカラな文化的関係からくる言葉だった。日本女子大で勉強した教養がふっと出たのである。それを賢治は表現しておきたかった。この言葉以外はすべて花巻弁である。ことわっておかなければならないのは、私がここで使う「弁」は英語の「アクセント」である。

英語でアクセントというのも、私が中学校で習った、言葉の部分を強めることを意味しない。それはストレスと呼んでいる。英国でアクセントといえば、スコティシュ・アクセント（スコットランド弁）アイリッシュ・アクセント（アイルランド弁）のように良い意味での訛り、土地のことばということである。英国でBBC放送などで使っているミドランド・イングリッシュ（日本ではクイーンズ・イングリッシュとして知られている）言葉は標準語といえるだろうが、各地方は自立的に言葉を失わぬようにしている。アイルランドのイエイツが祖国の精神と言葉を重視したことを賢治はとり入れた。

大事なことをつけ加えておかなければならない。「永訣の朝」では、「こんどは」というところは「コンドワ」でなく「コンドハ」と、はを（HA）と発音しなければならない。これは私の勝手読みではなく、私たちの土地の言葉では「ハ」と強調して、「ワ」のときよりもはるかに強い決意を表す方法だからである。実際に賢治が直筆でこの部分を（HA）と表記したローマ字の文を、宮沢清六さんの保存物中で見たことがあるので確信があるのだ。

　はるか以前に宮沢清六さんがNHKに出演して賢治の作品を語る機会があったそうである。そのときNHKの係の者が「発音はああしろ」とか「抑揚はこうしろ」とかすごく指図をされたことがあるといわれた。なんという征服意欲であろうか。戦争中には特にはげしい言葉の統制があったのを思い出す。いったい宮沢賢治の文を清六さん以上に読める人がこの世の中にあるだろうか。宮沢賢治文学を追求したい人は花巻に留学し、いまのうちに、早く根本的に勉強するよう勧める。岩手の方でも宮沢賢治学の本格的な研究機関を作るべきである。まもなく正確に発音できる人がいなくなる。この前（原子朗編著ですばらしい）『宮沢賢治語彙《い》辞典』を見た。しかしその花巻弁に関する解説は間違いが多くある。こわいことは、地元花巻の古老の協力で発音を研究したとなっていることだった。

◆モリスについて講義する

宮沢賢治は一九二六年花巻の岩手国民高等学校で講師として、一日いっぱいウイリアム・モリスについてのみ講義したことがあった。私がこの文章の下書きをしたのはロンドンの南西トウティングの家からの散歩コースのひとつウォンドル川のほとりで、そこにはアビィ・ミルズという粉ひき水車場がある。モリスはここに理想実現のための共同作業場を設立した。そこでは工人は芸術家なのであり、彼らのつくったレッサー・アート（小芸術）は宮廷芸術家と対立するまことの芸術とした。賢治もこれの影響をうけて、農民芸術論をとなえ、羅須地人協会を作ったがしかしこれは失敗に終った。モリスは英国共産主義者の組織者であって代表的社会主義者であった、賢治も労農党稗貫《ひえぬき》支部に肩を入れかけたことがあった。しかし日蓮宗へと進んだ。

ここで私が岩手の郷里で聞いた古老の意見はいまだに心にひっかかっている。それは「社会主義にあこがれても、それに行かない知識人は、こぞって日蓮宗へ行った」ということである。実際賢治らと同時代人で、私の知るかぎり、そうなった人は少なくなかった。このことは更に追求を続けてゆきたい。いずれにしても羅須地人協会も社会主義者の秘密会合とみられ、警察から追跡をうけていたということであった。モリスの工芸場や思想が世界的に有名になったのに、賢治は無名のうちに死んだ。これは日本の社会の熟成の方向がちがっていたことが原因するのではないかと思っている。

賢治は日蓮宗、布教の使徒となるため文学者として生活もし、金ももうけたかった。家では毎日のように「こうすれば金になるぞ」とか「今度こそ絶対もうかるぞ」とか興奮して家族にいいつづけていたそうである。実際それは理想実現のために必要なものだった。私の村には良質の石膏が産出していたので賢治は何回も足をはこんだ。このとき眺めた光景が「二川ここに交わりて」など、私の産湯を使った村の川の詩であった。石膏山には軽便鉄道で行った。清六さんの証言では「岩手軽便鉄道」は和賀の方へ軽便でいったのだそうである。

賢治は自分でまわれなくなったので、清六さんに原稿をもって東京の出版杜を多数たずねさせた。それは大きなトランクの中に入っていたという。戦争になり、花巻にも空襲があり、爆撃機から焼夷弾が投下されて、宮沢家にも及んだ。その時、土蔵は安全に見えたがしかし数日後きな臭く、よく見ると焼夷弾の火がネズミの穴から入って内部が焼けていたのである。賢治のぼう大な原稿も焼けていた。清六さんはただちに火を消し、ほとんど読めそうにもない、ぼろぼろの紙を非常に細心のあつかいでかなりの数を救った。これが現在われわれが手にしている多くの賢治の遺稿なのである。

賢治が死を前にして、父に家族に法華経一千部を作って三十二の山々あるいは要所にくばるようにたのんだ。そのとき花巻の言葉でいったと清六さんは証言している。もう死ぬというのに家族に標準語を使う必要はないだろう。

「どういうしゃべり方だったでしょうか」と私は聞いてみた。

「あなたと同じ言い方でした。細かくはわすれたけれどもね。あなたの言い方でいいですよ」と言い、「実行は大変なことでした」といった。三十二の山は仏の三十二相を表わしているかもしれないと思った。

◆エコロジー問題を先見

『銀河鉄道の夜』は『不完全幻想第四次銀河鉄道』と題されていて、この不完全というところがスケッチと関係があると思える。やはり何通りかの筋書きがあり、今われわれが知るのは編集者がそれらから構成したものである。この物語ではなぜかジョバンニという外人の名の少年が、岩手の花巻に生まれ、父が行方不明となる。残されたのは母と子。その少年が父をたずねて旅に出、行く先ざきで賢治にとっては幻想していたものや、理想の境地や聖なるものなどと出会う。乗りものは汽車だが、この列車は排気としては環境に良い気体をのみ出すという。現代のエコロジー問題を先見したかのごとき機関車が引いて夜空をゆく。

賢治はものすごく琵琶の曲が好きだったそうである。中でも「石童丸」の曲は全部暗記していて、清六さんたちに語って聞かせたそうである。私も琵琶を弾くのでこの曲は修得した。「月にむら雲花に風、心のままにならぬこそ、うき世に住める習いなれ」ともっとも有名な曲のひとつである。九州の守護職加藤佐ェ門重氏が、あるときふっつりと消え去る。あとに残った妻と子石童丸は、風のうわさで高野山に在ると知り、幼い息子が旅ゆく。

賢治が尊敬してやまなかったウイリアム・モリスの作に『ユートピア便り』がある。十九世紀においてモリスは産業革命下に荒廃した英国の人心と自然を憂い、二十世紀末にそれが解決されて理想の英国になっている姿を見る。時空を進んでロンドンにおり立ったモリスは船でオックスフォードの方へ向けてテムズ河を上ってゆく。その間にさまざまな理想の環境を体験するのである。

私はこの二作を巧みにとり入れて賢治の天才をもって作ったのが『銀河鉄道の夜』ではないかと思っている。

私の話をずっと聞いてくれた清六さんは
「ところで、あなたの絵の作品はどうなっておりますか、売れていますか?」と聞かれた。

「いやあほとんど全部ほこりをかぶって倉庫に置いてあります」

「そうだろうなあ。いやあ何十年間も時間をさかのぼり、兄の賢治と話している錯覚におち入りましたよ。とにかく声から、力を入れて話す調子までそっくりですよ」

「えっ、そうであんしたか」と私。

「あなたの作品もきっと売れないだろうなと、私にはよくわかりますよ」と清六さん。

あなたのために色紙をかいたものをもらってくれないかといわれた。賢治の言葉が清六さんの暖かい筆致でかいてある。

げにもまことのみちは
かがやきははげしくて
行きがたきかな
（冬のスケッチ）

宮沢賢治デザインのガラスのふくろう。弟清六氏が製作したものを阿伊染に贈った。
阿伊染画

【12】野上弥生子EVOL

◆未完の自伝小説『森』

散るがままに散り積った落葉のすき間から細い枝が生えのびて、その先は紫式部の実が微風にゆれていた。浅間山は静かに白いうすい煙をたなびかせ、大空は紺碧に深く、そして広がっていた。一九七八年十一月三日午すぎ北軽井沢の別荘地である。

家いえはほどよい間隔を保ち、何十年も時の流れがすでに森と家とを完全に調和させ、しかも設計者は一人なのにかかわらず、一軒一軒は独特の好みを持っている。これこそ集合住居地の傑作である。あのウイリアム・モリスの流れはここにもあり、彼を信奉したグロピウスのもとバウハウス運動の建築計画を学んだという建築家が設計したものであるという。誠にグリーンマン学の成果なのだ。

落葉はあまりにも乾ききっていて、おどろくほどの高音を立て続け、道に迷った者の気持につきささる。その時一軒の家の窓が開かれた。真昼にかかわらず電気スタンドが窓ぎ

【12】野上弥生子ＥＶＯＬ

「杜《もり》の媼《はは》にきく」阿伊染画　タテ227×ヨコ162㎝

わの机上に輝いている。

白髪の老女が顔をのぞかせた。一瞬おののきながら、

「あの、野上弥生子先生のお住いでしょうか。」

と、不自然な質問をしてしまった。もう引き退れないような気持であった。

「私がそうです」

という返事がすぐにきた。その後どのような言葉をやりとりしたか、今では頭の中が白くなったような記憶だけが残っている。やがて「『秀吉と利休』には感動いたしました。」というと、

「あなたのような若い方に読んでいただいていると思いもおよびませんでした。ありがとうございます。」

といわれて少し気が楽になった。画家であることを名のると、昔に福田豊四郎画伯が住んでいて、下の谷川をよくかいておられたから行って見なさいといわれ、「召し上がれ」と箱入りの花型の和菓子をいただいた。それには少し細い木のくずが着いていて、先生の眼はそうとうに視力を失っており、あの灯火もその助けなのだと感じた。

渓谷は巾二ひろばかりで清流の音そしてまわりの草木、苔、ぎぼし草の葉など言葉につくせぬ美しさであり、これがあの『山姥』とか『狐』とかを充実させる脇役として欠かせ

ぬ流れなのである。かの女自身、「私は川である」と表現したこともあった。

私はこの日の想い出を後に「杜《もり》の媼《はは》にきく」という百五十号（227cm×162cm）の大作にして東京都美術館の国画会展で発表した。以前作家の故牧瀬菊枝さんと親しくさせていただいた時代があった。牧瀬さんは野上弥生子の愛弟子であった。

二・二六事件の時には雪の朝に、事件のあり様をつぶさに調べ歩き、その時実態を見ることができなかった野上先生にくわしく報告申し上げ、それが『真知子』の二・二六事件の場面に再現されたのだという。ともかくこの大才の作家がいかにグリーンウマンであるか、私の直感が当っていることを祈りつつ話しを進めて行きたい。

グリーンマンは人間と自然との調和であり、交響である。特に野上弥生子の生地九州は日本でも神仏の霊あらたかな処である。その後かの女は西欧の神話や伝説に対し、余の人のおよばない研究と成果を身につけた人なのである。

野上彌生子《やえこ》、初期には八重子としたこともある。私は岩波文庫に習い弥生子と記させていただく。一八八五（明治18）年五月五日大分県臼杵《うすき》市に生れた。この時ウイリアム・モリスはまだ元気であった。一九〇〇年十四歳十一ケ月で東京に出て明治女学校に入学する。この年の九月夏目漱石は英国留学に発った。

女学校卒業後同郷の野上豊一郎と結婚し、後に夫の師夏目漱石に紹介される。一九〇六

（明治39）年『明暗』を書き漱石の紹介で『ホトトギス』に載ったのが処女作となる。一九八五年九十九歳十ケ月で『森』を執筆中に未完のまま永眠した。

◆『ギリシャ・ローマ神話』の翻訳

『明暗』に対して漱石は五メートル余にもおよぶ長巻の手紙を送り批評と親愛を表したことは有名である。この師自身も一九一六（大正5）年に『明暗』と題する小説を朝日新聞に書きだしたことは因縁的である。かの女が「ギリシャ・ローマ神話」の翻訳をなしとげたとき、

「私はあなたが家事の暇を偸んで『伝説の時代』［筆者注　大正二年刊］をとう〳〵仕舞迄訳し上げた忍耐と努力に少なからず感服して居ります」

といって長い手紙形式の序文を書いてあげている。この原作は一八五〇年代のブルフィンチのもので、続いて『中世騎士物語』も原作者は同じである。この二書を訳しただけでもかの女の西欧の古代・中世についての知識は膨大なものとなる。

中世騎士といえばアーサー王を中心とする十二の円卓の騎士、また王の妻をうばったランスロット騎士はやはりグリーンマンであった。アーサー王の所には全身緑の騎士が現れ、その馬さえ緑色に輝いている。そして誰もかなわぬ力を発揮して去ってゆく謎。この騎士

こそ現在グリーンマン研究の重要なポイントをなす伝説である。

また一説ではヘラクレスと同時代のアルビオンがいた。巨人ネプチューンの子として知られ、島を持っていてその名も自分と同じに呼んでいた。アルビオン島と現在でも詩などにうたわれるのが英国のことである。

また別説としてトロヤ人ブルータスは西へ西へと流れ巨人の島アルビヨンに着いた。彼らと戦い勝ってトロヤノヴァア（新トロヤ）という主都を築いた。それからトリノヴァントウスと変化して現在ではロンドンと呼ばれている。英国の東海岸の巨大な丘の草原に斜面に白い線で描かれた巨人があり調査の結果数千年の古さである。

トロヤ人ブルータスと共に戦って勝った首領コリネウスの名をとってコンウォールとした。ブルータスが初めて着いた所がデヴォン州であり、対岸はフランスのブルターニュである。両方には共通した文化の遺跡が認められている。大ブリティン島の南西部はソールズベリ大聖堂、ストンヘンジ（これは四千年以上経つ）、エィヴリーのそしてグラストン・ヴァリー霊地があり現在でも巡礼の断えないところである。

ブルータスの伝説は西暦以前千年以上であるだろうか、前七百年ごろケルト文化人がやって来た。さらに前五十年頃ジュリアス・シーザーがこの地を征服した。以後四百年もローマは軍事基地を置いた。

ウィンチェスターとかマンチェスターとか語尾についている「チェスター」とはこの駐留軍の基地の名残りである。キリスト処刑のあとその血を受けた聖杯をもって、アリマタヤのヨセフがエィヴリーの方へ逃れて来たといいその血の色の泉もある。

その聖杯をめぐり、アーサー王の伝説が広がる。十二人の円卓の騎士、その王妃グイネヴィアの恋など話は全欧州諸国に伝えられ、それぞれの民衆は自国の英雄として語り伝えているが元祖はこの南西ブリティンである。

以上のようなこと、いやその何倍も野上弥生子は研究し終ったのだった。その上「ケルト」「北欧」の神話にもくわしかった。

デヴオンはそういうわけでグリーンマンの宝庫である。一九三九年にレディ・ラグランがここよりグリーンマン学を出発させ、次いでカサリン・バスフォードが学問を確立し、グリーンマン学の母となった。さらにそれをウイリアム・アンダーソンが普及し今日大発展の途上にある。

◆『狐』にみるグリーンマン

野上弥生子は日本、東洋の持つ文化と西欧の持つ文化をみごとに融合させ、あたかも一つの金属のごとくに見える合金を造ったように感じられる。十分な下地の上に生涯の作品にとりかかるのだ。

ここでいかにかの女がグリーンマンに感動した人なのか例として、一九四六(昭和21)年『改造』に発表された『狐』について見てみると、戦時中に北軽井沢で高級な毛皮をとるための狐養殖者がいた。この二人は死について時々語り合う。夫は死後「落葉松の新芽になるかもしれない。あの紫の深い竜胆《りんどう》になるかもしれない」などと語る。また別のところでは夫婦愛の話になり、ギリシャに年老いた夫婦がいて長い間神に仕えてきた。あるときなど困っている神を助けたことさえあった。

死を前にして二人はできればおくれ先だつことなく、共に一時に息をひきとりたいものだと神に願ってみた。ある夕方まえの広庭で二人でまわりの美しい湖を眺めていると、おじいさんのからだから木の葉の芽を吹いて来た。びっくりしたおばあさんの体も共に同じように木になってゆく。

見る見る二人とも全身木の葉におおわれ、足は根になり胴は幹になり、両手は枝になって顔が梢となりながら二人は「左様なら」をかわし感謝しながらおじいさんは樫《かし》の木におばあさんは菩提樹になっていつまでも湖のほとりに並んで立ったのだった。

◆焼どんぐりを食べる少女

『森』は未完の傑作であり大作である。未完とはいえ十分な量が書かれたため、私にとってはバイブルを読むような緊張感と並々ならぬ面白さが同時に味わえる。この小説の中からグリーンマン性を引き出すのは全くわけはない。野上弥生子は完全にそれをわかりやすく描いている。

一九〇〇年春四月のはじめに九州大分県の十四歳十一ヶ月の少女が東京北区の王子に着く、ここの飛鳥山は徳川吉宗が造らせた日本最初の国立公園であり昔も今も桜の名所なのだ。そのあたりの風景の描写のすばらしさはぜひとも原作によってほしい。

この少女は案内の男性に連れられて、日本女学院という学校に入学することになり花見のにぎわいをよそに巣鴨の方へ向う。入学してみると、校舎は白い洋館風であり、四クラスしかない。一学級十二名という正に二十四の瞳教育である。上級生も下級生もなく和気あいあいたるものである。

キリスト教を取り入れた教育ではあるがいわゆる外国人宣教師主導のぎこちない洋風ではなく、校長の岡野直巳は武士道を重んじ、勝海舟と実際に交流があり、その生き方に大きな影響が感じられる。実際この女子校は武道が盛んで、その武道館は海舟が寄進したものである。一方岡野校長は内村鑑三の影響大なる福音主義である。
「余は日本に属し、日本は世界に属し、世界はキリストに属し、而してすべては神に」
これは日本の無教会派キリスト者なら誰でも知っている内村鑑三の言葉である。不肖私も若き日に全てを神にと決意し伝道者をしたことがあり、師ポーロ・ブローマンよりこの言葉を教えられたのだった。

ブローマン師は戦後日本に移住し、宣教のために命を捧げようとしている。私は弟子で脱走者だった。それ故に随所に出て来る野上弥生子の文章には汗ばむほどの緊張を感じる。それを全く癒すがごとくに、清楚なまでに美しい自然の、草木の表現がそなえられている。

この小説の中であっとあどろいた一節が感動を呼ぶ、それは主人公の少女菊地加根は幼い頃故郷の寺参りに、その境内で売っていた焼どんぐりを食べた想い出の場面である。現在どんぐりはほとんど食べ物の形としては日本にない。しかし最近、国内で食した経験としては、めずらしく東京・阿佐谷の韓国家庭料理店「まな」において「ドトリムック」というどんぐり餅をご馳走になった。しかもすべてもとの形はわからない。ところが加根(つまり野上弥生子)は実のままで食したとある。

私は実験的に何種類かの実を口にしたがピリピリし、または渋すぎてとてもあくぬきせぬものは食えないのである。ところがまてば椎《じい》の実のみはどんぐりの中で最も大きく、そして何なく、生ですら食えるのである。これは東北地方にはない植物なのでずいぶん大人になってから知ったのである。おそらくこの実を加根さんが口にしたのではなかったのだろうか。

◆楢の木の下に納めた母

私としてはもうこの一件のみで野上弥生子のグリーンマン性は認定されるのである。しかし野上弥生子がこの小説中でさらにすばらしいことを述べる。つまり本郷の方に宿をもつ徒歩通学の加根が通う学校は「森」の中にある。それは正に四方を櫟《くぬぎ》の木によってかこまれた学校なのである。櫟もまた実に立派などんぐりを生らせる木である。木の大きさからいって日本のどんぐりの木の王者といってもよいだろう。おそらく実の大きさもまてば椎に負けないものだ。

どんぐり類の花は実に目立たないものである。初夏に小さな房をたらして散る。野上弥生子はこの森の木の芽ぶき、若葉し、茂り、紅葉し、散り、枯れる冬のありさまを季節ごとに述べながら少女の勉学や交友の進展を促進させる。

一九〇〇年代の日本の教育を語りつつ現代の教育の、貧しさ、至らなさ、我々の意欲のなさを痛烈なまでに批判しているように受けとめられる。これは日本版の『エミール』なのである。

最後にもう一度野上弥生子のどんぐり感性を述べておきたい。一九四二年（昭和17）一月一日の『中央公論』に発表した『明月』は「亡き母上の霊に捧ぐ」となっている。これはおそらく実話ではないだろうか。

「山に向い、渓流を見おろす庭の若い楢《なら》の木陰に、あるじの俊一と、三男の光が代りばんこに穴を掘った。私は灰のはいった壺を底においた」。

とある灰とはこの文章の先を読むと、母の遺骨の分骨なのである。もしこれが実話であるとすれば、あの北軽井沢の家の楢の木の下に納めた母と共々に、人びとがとっくに下山した浅間山のふもとにおいて『森』を書き続けたはずである。今はその楢の木がどんぐりをつけているころである。

【13】遊病記

◆ナナは黒人の看護婦さん

一九九七年私は一ケ月におよぶ個展をロンドンのリージェントパークのほとり、ダイワ・ファウンディションのギャラリーで開いていただいた。企画も運営も、作品搬入出、特別招待観覧《プライベート・ヴィウ》もいっさいの費用をここの英国人のお世話になった。特にフィルダ・パーヴィスさんという方は絵を見る目も高く、日本文化に造詣の深い方でありがたくお世話になった。また会期中にケンブリッジのカーメン・ブラッカー博士も、その直前にちょうど南方熊楠《みなかたくまぐす》特別賞をうけ、私の会場にきていただき大いにはげまされた。この方は特に神道と日本のシャーマニズムにおいて世界最高級の人なので、私の英国におけるキリスト教以前の「グリーンマンと古事記」展を観ていただくには最高の先生なのである。

ところがその一ケ月の会期の終りごろ、腹に激痛を覚え、四月十五日から五月のなかばその痛みでとうとう倒れ、作品搬出も私が行けず、全部お世話になってしまった。そして痛み止めの薬も全くききめがなくなり、とうとう七月初めにロンドンの聖ジョージ病院にはこびこまれた。

英国の病院にかかるには順序がある。個人の病院は別としてNHSという国民健康保険で全くただでかかる場合は、まずGPという公立診療所に登録しておく。そこへ行くと、全般を世話する看護婦さんがいて、何人か登録されている医師の写真をみせながら説明し、自分の主治医をきめろといわれる。そして普通その医師がたとえば電話ひとつでも飛んで往診にきてくれる。だから病気だなと思ったらまずGPに行く、GPの診療で手におえぬとなれば、各種の、その病気に適した治療の機関に紹介される。だからいきなり大学病院に行っても普通はむりである。

ところが私は聖ジョージ病院のすぐそばに住んでいるから、夜中に、あまりにも痛いので運んでもらった。しかし五十人ぐらいの先着がいて、当然ながらすぐにうけつけなどしてくれない。私も必死でたのんだが全く相手にされぬ。はじめは腹のいたいのはエックで手などいたいのはペインだったかなどと思う余裕も少しはあったが、もう目の前が何も見えないほどの痛みだ。そうなると、あたりかまわず「イデー」と遠い子供の頃の岩手の人間の叫び声になってしまった。もうほとんど断末魔の声に近い「イデー」である。

運よく医師が通りかかり、異様な私の声にふとこちらへ来てくれたようだ。脂汗と変色した顔色を見たとたんに、何ごとかどなるようにして、私をいすからベッドへ運んでくれた。ただちに検査がはじまり、ただごとでないといっているようである。何だかピンク色の太い注射が打たれると痛みはかなりやんだ。そして車のついた寝台が来、検査室へ。検査がスキャンやレントゲンで行われおわったころは夜が明けていた。そして午後手術の医師団が組まれ、手術することになった。

私はかなり痛みもとれた状態で手術準備室で、前の人が手術をうける音を聞いていた。それは大男のようでまるで拷問部屋の隣にいるような絶叫だ。様子を見にきた人のよさそうなインド人医師に「私もあれをうけるのでしょうか」と心細く聞くと「そうだよ」という。天井をながめながら来し方を思った。何の病気かよくしらないが、これでもし終いということもあるかもしれないなどふと思った。かなり面白い人生ではあったが、ご迷惑をかけた人びとにもあやまったり、礼をいったりすることもなく往くのか、などとかなり殊勝な思いになり、とにかく先祖の霊と、この国で面白く研究させていただいたグリーンマンの霊（それはあるだろう）にお礼をいった。すると、今までのいたみもいっさいなくなり、部屋の天井から壁からいっさいの色も消え、薄明のような緑がかった色の光が満ちてしまった。

一瞬目をさました。すると医師がそっとのぞきこみ「気分はどうですか」という。「これから手術でしょうか」と聞くと、「何いってるんですかもう終わったよ」ときた。私はびっくりした。なるほど両方の腕に三本づつ点滴がうたれている。またそれでも足りずに首にも針がさされ、そこにもっとも大型の点滴だ。びっくりした。たしかに五時間はすぎていた。やがてその寝台は押され、かなり長いことかかって病室についた。寝台の車が固定され、そのままずっと寝ていていいらしく便利なものだ。相部屋らしいがラウンジとかいってレールがまわり、三畳ほどの空間をカーテンが仕切っている。

しばらくして黒人の看護婦さんが入ってきた。ナナという名札である。私の首のまわりなど愛撫するようにしながら「ダーリン、どおお？ 注射するからちょっといたいワヨ」とまるで恋人に接するようにいうではないか。これは一瞬いたみもわすれた。「何んでもないよ」と反射的に言葉がでてしまった。「それからこれをあなたのピーナッツに入れるからね、痛くないワヨ、ダーリン」という。実はペニスと私が普段呼んでいるものが、この看護婦さんの発音では「豆のピーナッツ」に聞こえたのだ。ゆで上った太めのスパゲッティのようなゴム管がぼう胱の中へ入ってゆく。何んともいえない手つき。まっくろい手の甲と内側が妙にピンク色で彼女のくちびるもピンク色である。ぼう胱の中でそのゴムの先端がふくらみ、ぬけなくなり、そして尿だけが排出されるそうである。そして目盛りのついたビニールのバッグが寝台の下にさげられ、私は便所へ行く必要がないといわれた。

「あとで私を画いてね」といった。

◆ジョージじいさんは人気者

入院二日目の朝がきた。皆それぞれ食事をしているが私には来ない。栄養は点滴でやっているのだろうか。午前十時半になった。ワゴン車にちょうど飛行機内で飲み物を出すようにして、いろいろなものが運ばれてきた。コーヒーがいいかお茶かそれともジュースかなどと聞いている。ワゴン車の横腹に「職員は飲んではいけない」と書いてあるのが面白い。ようするに十時のティタイムなのだ、私はそれも飲んではいけないといわれた。皆それぞれ飲んでいるが、よく見ると、一人ひとりのサイドテーブルの上にはそれぞれの尿が尿瓶《しびん》に入れておいてあり、皆その横に平気でお茶をおいている。人によってはくだものもおいている。

この部屋は八人の相部屋だ。私の前のベッドは一つ空いている。そこへ新入りがきた。その患者をベッドに座らせ看護婦はその前の丸いすに腰かけ、体をずっと低くして患者を見上げるようにし、親しく病状を聞いている。これは他の場合もそうだったので、おそらく何か患者に対する圧力をかけないための方法ではないかと思った。斜め左向いはややぼけはじめた老人のジョージさんである。ここでは医者も看護婦も患者も皆ファースト・

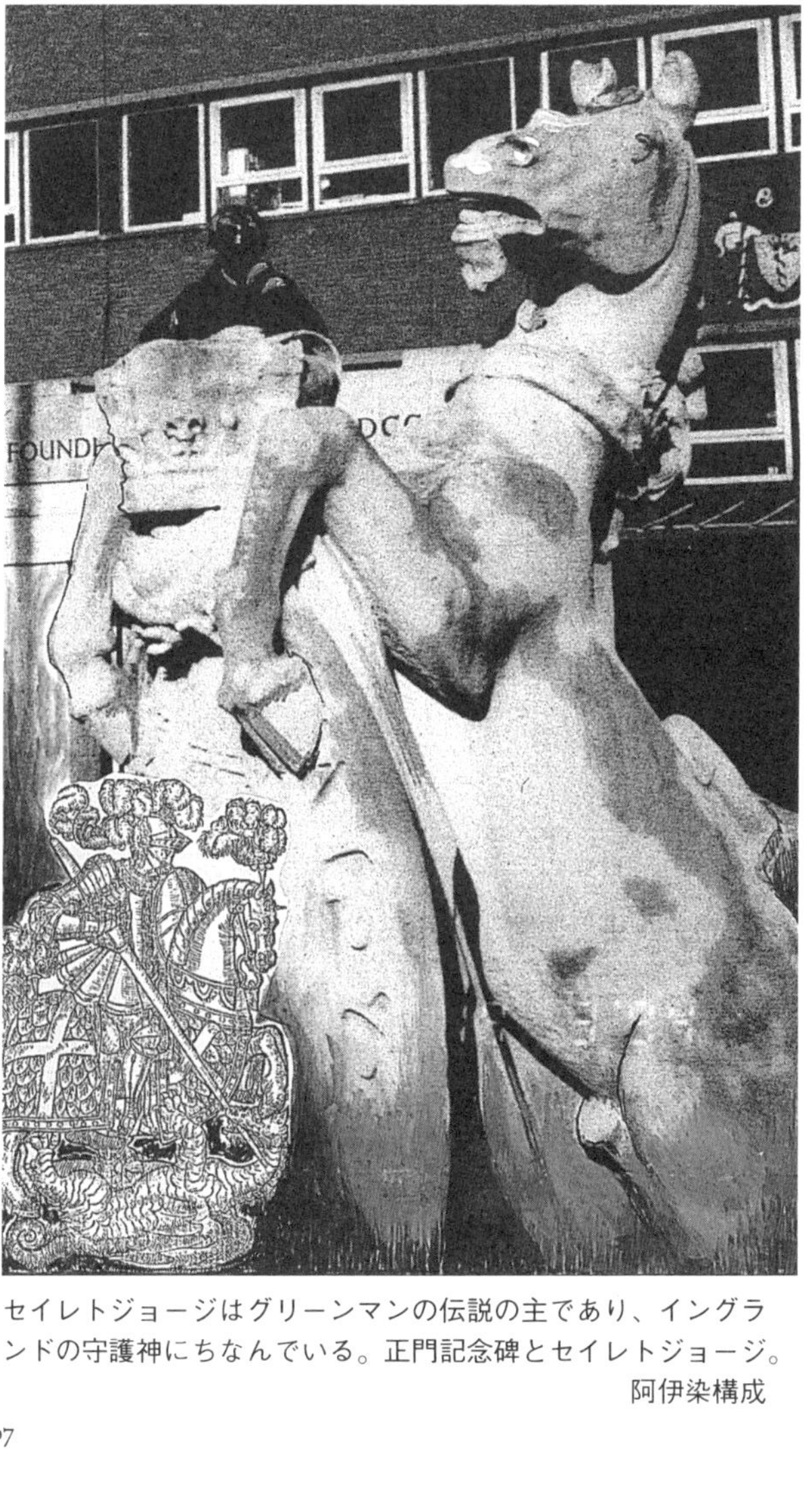

セイレトジョージはグリーンマンの伝説の主であり、イングランドの守護神にちなんでいる。正門記念碑とセイレトジョージ。
阿伊染構成

ネームで呼んでいる。英国ではほとんどそうである。これは我われまだ多少なりとも儒教文化の中にいるものにとっては、かなりなじむのに苦労するものである。学校でも先生のことをファースト・ネームで呼びすて、ミスターとかミセスとかはつけないのが一般のかたちだ。家では嫁が姑を、子供が親をそうするのではじめはおどろいてしまう。私は足かけ十年近いがまだしっくりこれをこなしてはいないのだ。

医師も看護婦もジョージ、ジョージと呼んでじいさんは人気がある。彼は腹の途中から管で便状のものをとっているようにも見える。しかしなかなかに元気でそこら中あるきまわり、しかもあるときはよけいな面倒を他の患者にみたがるのだ。退院した人にかわり、髪の毛の真っ白な見るからに年老いた老人が入ってきた。名前はアーネストだから皆はアーニーと呼ぶことになった。ジョージは大先輩を迎えて少しは恐縮したかに見える。アーニーが立ってズボンをはこうとしているのでさっそく行ってベルトをやってあげるのだが、自分もよろける。それを看護婦が外からみつけて飛んでき、「ジョージ、ひとのことはいいのよね、私がやってあげるから。」ジョージは不満そうに引きさがりながら「失礼ですがお年は何歳ですか」ときく。「私は七十四歳です」「何にッ、おれより若いのかよ」ととたんにジョージは態度が大きくなった。

アーニーがベッドに腰かけていると、ジョージは「ホワット・アーユー・ドゥイング・

ナゥ?」という。ズボンをはいてなおもたもたしている姿にイラ立ったようだ。そうするとアーニーはやおら時計を見てから「ナゥ?」

「そうだよナゥだ」アーニーはゆっくりと「えーと、クォーター・パースト・セブンです」と答える。それからこの男ぼけてるとか何んとかいうことで、ゆっくりとしかもたっぷりとぼけ同士のやりとりがある。そこへ、とことこと、スリップだけの姿にはだしの老女が入ってくる。皆のベッドの間を見まわってからまたとことこ出てゆくところだ。副看護婦長が「あらあらエミリーさんお散歩ですか」と一声かけるとエミリー女史はニコニコ出てゆく。どうしてこうなっているかというと、病室の前は看護婦室だが病室の入口そのものはドアが四つ分ぐらい広く、敷居もドアもない。看護婦室の方も廊下をへだてて互いにまる見えである。また隣の病室も同様になっているのでまる見え、しかも女性の病室なのだ。

◆メニューは週刊誌二頁分

私の経験では日本の大病院でこれほど開放的なところは例を知らない。四千床はあるそうだ。昔ジェンナーがほうそうを研究したことで有名であり、その時の牛の皮が記念に保存されている。もちろんロンドン最大で、日本風にいえばロンドン大学付属病院である。

あけすけといえば退院した患者などがお礼にもってきたくだもの籠など、看護婦室の前の廊下側のテーブルにおいてある。看護婦はぴちぴち「ルンルンルン」など鼻歌で歩きつつそのかごからブドウなどつまんで食っている。患者もよろよろそこへ行ってくだものをつまんで食っている。

二日にいっぺん体をふいてくれ、敷布もとりかえてくれる。中国系とアフリカ系の看護婦が来て、「あんた、絵かきさんだってね、私たちを画いてくれる?」「いいけど腕にこの管だらけだ。はやく右手の方だけでもとってほしいね」という、「中国人なの?」「いや日本人画家だよ」「そーお」とおどろく。ここはロンドンの南西で日本人は住まない。日本人たちはロンドンの北側とかウインブルドンの方とか中級の住宅街にかたまって住み、その中で日本からそのままもって来た大、中、小の会社の色分けなどし、上下関係もそのままで息ぐるしそうな人たちが多いのだ。そのうち日本へ帰ることを考えて日をすごしている。だからこのインド人系とアフリカ人系のトゥティングには住む日本人は希少といえる。

四、五日して口からの食事がゆるされた。週刊誌二ページ分ぐらいのメニューの表に次の一週間各曜日に自分が希望するメニューをえらんで前もって申し入れるようになっている。日本で何の前ぶれもなく、病院で食事を作って出されたのを食べた経験からすると、十時と三時のお茶よりもおどろく。しかしこれは考えてみると、英国には有色人種が何百万人にものぼり、宗教も多種多様で細かく分けると五百はこえるとか。したがってたとえばヒンズー系は牛は食わない、イスラム系は豚は食わない。菜食主義者もなかなか多い。この人たちは肉や魚は食わない。しかし卵を食うのはいまだにわからないが……。そういうわけで、日本のようにはいかない。これらの食の戒律は想像以上なものだ。ほとんどはそれぞれの生まれた国や家が食事に影響を与えているのだ。

右手はゆるされたが、左手や首には、またしもの方にも管だらけで身動きがままならぬ。夜の十時ごろだ、ジョージが突然立ち上がって怒っている。よく見ると彼の尿管がベッドにがっちり固定されている。だれか看護婦が立ち歩かないようにそうしたようだ。「誰だこんなことをしたのは？　おれは猿じゃないぞふざけるな！」と叫ぶやよろよろしながらもゴム管をバチンと引き、あっというまにちぎってしまった。そして彼の右にもった管の先からは勢いよく尿が噴出している。そして一方点滴の支柱もひきずりながら「なあそう思わんか、おれは猿じゃねんだ」と何故か私に同意を求めてやってくる、尿をまきちらしながらだ。身動きできない私はヒッチコックの「裏窓」のジェームズ・スチュワートのように彼が来るのをおそれる。思わず「ヘルプ」と叫ぶと、そのとき副看護婦長のエリカがみつけて飛んできてくれた。床は小便の海である。ジョージのパジャマもぐしょぐしょだ。

エリカは顔色一つ変えない。「どうしたのジョージ」「おれは猿じゃないんだ、何でおれをつなぐんだ」「でもどこへ行きたいのよ」「たばこすいたいんだそれなのに…」「ああそうなの、でも愛してるよ。私をすててどこかへゆくのかと思っちゃった」「何あにおれはな、エリカどこにも行かねえよ安心しな」といってジョージはベタリとベッドに腰をおろす。エリカはモップを取りに行き、小便の床をふいている。「ジョージ、行ってきたら」鼻うたまじりで床をふきふき声をかける。「いや、行かね。寝るよおれは」と床に横になる。

あくる日、横のベッドに一見スペインの闘牛士にも見える男が入ってきている。さらに向かって最左翼のベッドにはおどろいたことに立派な婦人が入院して入っている。婦人病室が隣なだけでおどろくのは甘い。隣の闘牛士はなにかとついてきたおくさんらしい人にもきびしい小言をいってうるさい男のようだ。例によってジョージがひるすぎにうろうろし、よくわからないことをわめいたりしだした。と、隣のスペイン風男がどなった。「おい、おじさん静かにしないか。何をごちゃごちゃうるさいぞあんたは！」ときた。ジョージはまだもぐもぐいっている。

闘牛士が再度「静かにしろ！」といったとたんである。窓際の婦人が半身をおこし「一寸、そこのジェントルマン、老人に向かってなんという口をきくんですか、病院はお互いさまなんだ。あなただってこの年になれば同じようになります。だいたい間もなく手術でも受ければ、あなたも夜中にうめいたりさわいだりする可能性だってあるんですよ」と部屋中にりんりんとひびく声で、この婦人のどこが悪いのかなと思ったくらいだったが、婦人のいうことは的中し、その午後の手術後に私の隣で一晩中わめいていて、私がヘルプのボタンを押すはめになった。ここで一つ発見したのは、前に相部屋だった人が個室へ入ってさわぎたてていた。そして重病なのか聞いてみると、実はそうではなく、うるさい患者とか、見舞いがたえずきてまわりに迷惑な患者は個室に入れるのだという。

ここでよく見ると、医師は神ではなく、看護婦は白衣の天使ではない。現に紺とか水色とかが多い。そして患者もぺこぺこしていないのがわかった。食事がほぼまともになったころ色の黒い男が私をたずねてきた。「私の作った食事はどうだったでしょうか」という。「たいへんおいしい」と答える、「実はあなたは日本人だと聞きました。私のひいじさんという人は昔マレーシアに渡った日本人だったのです」と握手を求めてきた。アーニーは上の階へ移ることになった。彼のまくり上げた腕に一九四二年と海軍らしいもようが入れ墨してあった。彼は昔、勇士だったかもしれない。

私の病気は急性すい臓炎と、胆石、肝臓何やらかやで八キロ体重が減って、身軽になって退院した。帰る道々ホスピタルとは家に来た客人の接待をする意味があったっけなと思いだした。

【14】バーナード・リーチ——東西の断絶をつなぐ仕事

◆銅版画家として来日

ウイリアム・モリスの思想は、日本に入ったがうまく根着かなかった。このことについてはカサリン・バスフォード先生と、かなり時間をかけて話し合った。家族の方の話では、先生は電話ぎらいだったそうだが、私は何十時間も電話を通して勉強させていただいた。病床の中でも元気にかけてこられたのだった。特別にモリスには関心があり、英国人として人間と自然との融和を目指す共通の目的をもつ先達と考えておられたのである。

日本とモリス思想についても考えた。私の考えでは、維新という変動を経て、日本の支配者は欧米の帝国主義へと後追いしている最中に、モリスの社会主義、平和主義は危険で、邪魔になる考えだった。『ユートピア便り』が訳出されるとすぐ発禁になったことでもわかる。

しかしながらそういう中で、政府からも軍部からも弾圧の標的とされず、なじみ込んだ人たちがあったのである。ラフカデオ・ハーンとバーナード・リーチがその偉大な二人であると私は信じている。共に古い日本の中から、世界にすぐれているものを見出して、かえって、欧米の近代化の後に来る世界共通の難問を解くべき鍵を知っていた人びとだった。彼らの仕事はしばしば、欧米の近代化に目のくらむ日本の、当時の指導者らに警鐘を鳴らしつつ、なすべき範を示しながら二十一世紀までつながる働きを残したのだった。ここで私はリーチについて考えてみたい。

バーナード・リーチは焼き物で知られた名人である。浜田庄司や富本憲吉らと共に研究を積んだ。この人とウイリアム・モリスの関係を調べて見たかった。私はホンコンやセント・アイヴィスへ足をはこんで見学もした。しかし知れば知るほどその思想と行動が深い人であり、画家としての自分はあこがれる。

バーナード・リーチ Bernard Leach は、一八八七（明治20）年一月五日ホンコンで生れた。すぐに母が死去し、祖父母と共に日本に移り、幼時をしばらく京都ですごした。ちなみにこの頃モリスは五十代前半で、『ジョン・ボールの夢』を著わしていた。リーチの父はシンガポールで高等裁判所判事だったが、一八九〇年勉強のためバーナードを英国へ帰し、ウィンザー近くのボーモント・ジェズイット・カレッジへ入学させた。

後に一九〇三年スレイド美術学校へ進学、翌年は不幸にも父も失った。一九〇八年ロンドンの美術学校に入り、フランク・ブラングィンについて銅版画を学んだ。一九〇九年銅版画家として来日した。私はこの師との関係が再度日本へと心を動かせた一因ではないかと思っている。

日本人は美術はフランスからと思う人が多いのであり、確かに、あまりにもその通りではあるが、実は重大な要所々々を英国流からも学んでいることを私は記したいのである。フランク・ブラングィンはベルギーのブルージュ生れの画家で、ウイリアム・モリスへの大へんな信奉者であった。あの一代の美術コレクター松方幸次郎の友人であって、いわゆる「松方コレクション」を大成させた目利き役となり、モネをはじめ印象派の画家群や巨匠ロダンその他がまだ名を為す目前に、大量に買ったのだ。

ブラングィンは後年、膨大な資産を投入して、ウイリアム・モリスの実家をウォーター・ハウス美術館として設立して後世に残すことに尽力した。この広さは上野西洋美術館の何倍もの敷地を持つ。上野西洋美術館は松方コレクションが、日本敗戦とともにフランス政府にすべて没収されて、後に日本に返還された作品群が、その基本となった。これだけの縁があるのだからブラングィンは、リーチにとってモリスやまた日本を思う上での重要な存在であったと私は推測するのだ。

リーチは銅版画家として来てより、彼は「白樺」の同人らと交友した。彼はここで楽焼きに興味を抱きはじめ、六世尾形乾山《おがたけんざん》の弟子となり七世乾山を許されるに至る。乾山は言うまでもなく江戸時代尾形光琳の弟の乾山を第一世とする。作陶家への出発である。理論上の友として柳宗悦を、制作上の友として浜田庄司を得た。

この三人は永遠の友となり、共に国画創作協会の審査員として、リーチの場合は一九二九年より一九七九年の死に至るまで続けた。実は私はこの会の続きとしての国画展において油絵の審査員を長くつとめた。一時全部門の出品作品の受付けと保管の委員長をやっていたとき、工芸部門における、リーチの作品も手近かに扱い、緊張のあまり夜も眠れなかったが、一方偉大な作品を責任もって身近に鑑賞した喜びは筆舌に尽し得るものではない。

一九二〇年リーチは浜田と共に英国へ帰った。デヴォン州やコンウォールは、グリーンマンの地、ケルト文化の地である。彼は古代ブリトン人やウエルズ人、ケルト文化人の血が自分に流れているかもしれないことに、つまり私の表現でいえばグリーンマンであることに密かなる誇りを持っていた。窯業の地として、コンウォールの地を選んだ心の背景がわかるのである。私は現地で強く感じたのだ。

　こうして窯《かま》は、大西洋を限りなく眺めわたすコンウォールのセィント・アイヴィスに設営された。イギリス伝統の民族特有の古陶を研究した。ぬくもりを感じる。しかしそのままの焼成ではもろく、実用に耐え得ない。世界一の技術を誇る日本の高質の方法を取り入れた。

バーナード・リーチ作　楽焼筒描盒子。(1914年）これは日本の柏できなく、わざわざ英国のイングリッシュ・オークを描いていることに注目を要する。グリーンマンの力を秘めるのか。径11.0cm高8.5cm（阿伊染画）

　こうして素朴な味を持ちながら、古代の姿でしかも実用的な硬質な焼物が創造された。これを浜田庄司が持ちかえり、日本で作りはじめたのが、現代の益子《ましこ》焼きなのである。

　一九二八年リーチは英国において、ウイリアム・モリス美術工芸協会の会員に選ばれ、その精神を作陶において受け継ぐことになった。モリス同様彼はウイリアム・ブレイクをも尊敬し、「虎」の詩に基づく日本風の衝立も制作している。

　リーチは生れと育ちが東洋に深くかかわった人だった。作陶を続けることは、火、木、土、金、水の大地の恵による行為であり、そこに生命の不思議を感ぜざるを得なかった。日本で鈴木大拙にも会い、禅の影響を受けたが、わけてもその弟子でR・H・ブライスとの出会いは重かった。その思想を知り物の見方が変わったという。

ブライスは英国人で兵役拒否者であり、日本に住み、戦時中は強制収容されていたが、一九四五年に立場は逆転し、学習院で平成天皇の英語の師となり、また昭和天皇に対し、「人間宣言」をすすめたという。

俳句の英訳では何千という句を訳し、世界の句作を発展させた。私たち英国俳句協会では研究の祖としてあがめ、一九九〇年代末に同協会デビット・コップ会長のもとに記念集会を、ブライスの郷里サセックスで行った。この人は俳句同人であったカサリン・バスフォードの追悼文を同協会誌に書いた人だ。

バーナード・リーチは洋の東西をのり超える思想を抱き続けた人である。隅から隅まで人類の平和的一元を念願しつつ遺言した。

「私は東と西との結婚の幻映を見た。」

【エピローグ】

グリーンマンの本を、日本人として初めて著わすはこびとなり、夢かと思うほどで、有難く感謝いたします。一九九三年、『思想の科学』(一・二月合併号)に「宮沢賢治の〝青びと〟そしてグリーンマン」を発表して以来早や十年を経、その間に何回かを発表いたしました。この本の構成は、

第Ⅰ部は一九九七年に、ロンドンの邦字紙、週刊『英国ニュースダイジェスト』に、橋本徳子編集長の依頼で十回にわたり連載したものです。

第Ⅱ部は東京の同人誌、季刊『活字以前』へ寄稿するよう鶴見俊輔氏より要望されて、同氏の援助を受けつつ書き送ったものを基としてあります。これは丸山睦男氏、渡辺一衛氏そして高橋福子氏が編集、連載されました。

第Ⅲ部はグリーンマン学のバイブルとも言われるべき、カサリン・バスフォード教授の著書『ザ・グリーンマン』の翻訳です。本文の全訳と写真三〇点を本書に収録することを英断された、社会評論社の松田健二社長には、敬重も限りなく私は冥利につきます。

朝日新聞論説委員隈元信一氏、またロンドンでは朝日新聞欧州版社長菊地有三氏からの

御助力をわすれません。朝日新聞本社元編集委員小田川興氏、朝日フォーラム元事務局長武藤誠氏また学芸部山盛英司氏の各位には同紙での拙文発表と資料提供に感謝します。読売新聞社ロンドン支局荒井利明氏、中央公論新社編集部長宮一穂氏ならびに湯川有紀子氏、日英タイムスの加藤節雄編集長には再三にわたる記事発表有難うございました。モリス関係の日本国内の情報については精華大学門間都喜郎教授に頼るところ大です。

個展その他によるグリーンマンの発表については、ケンブリッジで、中村明氏と信江夫人の主催を受けました。国内での発表における仕事については、評論家瀬木慎一氏、紀伊国屋画廊の鈴木由美子氏、依田綾緒氏、国分真奈美氏、元東京都品川労政事務所長高杉昭太郎氏の御協力を得ました。そのプロデュースを暖流の鍋岡愛子氏、編集者福田賢治氏、写真家の成清治道氏、安藤リサ氏、そして故宮沢清六氏からは賢治関係の資料や貴重な品々を受けました。

皆さまの力が私に灌がれたとき、「パピルスあい」の鵜飼清氏と恵里香夫人により松田社長を紹介されました。刊行は力強く進み、桑谷速人氏のデザインとスマイル企画代表の丸山勇氏の最新の技術と高度の感覚をもって、願ってもない本となりました。皆様に心から感謝申し上げます。またやむなく名をここに上げ得なかった方々にも誠心の感謝を申します。

二〇〇四年（画業五〇周年）

阿伊染徳美

【エピローグ】

ロンドンで開催されたダイワ・アングロ・ジャパニーズ・ファウンディション企画、阿伊染個展の前日プライベート・ビューの風景。右端のジョン・ピューズイ博士は、阿伊染が英国にいた10年間に、何回となく、グリーンマンさがしの旅を共にしてくれた。現オックスフォード大学ボードリアン図書館役員。

THE GREEN MAN & JAPANESE MYTHOLOGY

Ayzen derives inspiration for much of his recent work from legends, in Japan and elsewhere. He has found similarities between the western legend of the Green Man and stories of Japanese mythological gods. The Green Man is a prehistoric image with three distinctive forms : a male head formed from a leaf mask with his face, hair and all features made from leaves ; a male head disgorging vegetation from mouth, ears and eyes ; and a head of fruit or flowers. The Green Man symbolises the union of the human and vegetable worlds. Ayzen's knowledge of the Green Man both gave him an opportunity of expanding his vision of Japanese mythology and provided him rich inspiration for his creative work. He particulary wishes to acknowledge the importance for him of the work of Kathleen Basford, brought together in her recent publication " The Green Man ".

Tokumi Ayzen was born in 1935. He attended the Morioka College of Art before teaching for nearly thirty years for the Department of Education in the Tokyo Metropolitan Government. During this time he also instructed classes in Visual Communication Design at Musashino Art University. Ayzen has exhibited all over the world. - his two most recent shows were entitled 'Green Man and Japanese Mythology', and has done illustrations for a serial appearing in the weekly magazine The Asahi Journal. He has also had two books published ; one is a story book, 'Waga Kakushi Nenbutsu', which is a collection of ancient Japanese myths and legends which have been orally transmitted. A film 'Legend of Sayo' has been made of his second book 'The World of Tokumi Ayzen'.

ロンドンにおける阿伊染個展の案内状（1997年4月16日～5月19日）

III

ザ・グリーンマン

カサリン・バスフォード

阿伊染徳美【訳】

THE GREEN MAN

Kathleen Basford

TOKUMI AYZEN, Who loves the Green Man

To dear Toku – my inspiration
With much love – Kathleen

カサリン・バスフォードのサイン

序　文

西欧にある中世教会堂や大聖堂は幻想的なイメージに満ちあふれている。現在、私たち英国人がグリーンマンと呼んでいる、葉文の頭部、葉が芽ぶいている顔とマスク、そのようなイメージから生まれた物語の一つである。

現存する中世の彫刻の中で、グリーンマンはおそらく最もよく使われている装飾用モチーフ（主題）ではないだろうか。屋根飾り、柱頭、壁の持ち送り、教会の洗礼盤、墓石、三角小間、ついたて、ベンチの両端、芥子飾り、聖職者席の支え、肘掛けなど、いたる所でグリーンマンを目にする。装飾が必要な場所ならば、どのような空間や位置にも違和感なく設置できる、非常に適応性に優れたモチーフなのである。このモチーフは、リーフデコレーションの配列を豊かなものにし、活気や多様性をもたらすことができ、まるで鮮やかな花のように、見る者の興味を引く。また、周囲に生い茂る葉に目立つことなく溶け込むように作られており、鋭い観察眼を持つ者でないと、単なる葉文と見分けがつかない。グリーンマンはそれぞれの葉の房の中心となるように使われていたのだろう。もしくは、ちょうど泉の水源から湧き出る水のように、葉文の枝の数々が生え出る場所であったのかもしれない。葉に顔があるというアイディアは想像力を大いに刺激し、職人達はそれぞれ独自の意趣をこらして、このテーマに沿った作品を即興で作り上げていったのである。

ドイツのトリール大聖堂にあった葉のマスク。ローマ時代(2世紀半ば)もとアム・ヘルンブリュンヘン寺院にあったが、6世紀にニケティウス大司教によって現在地に移された。

こういった彫刻は悪意のあるものが多く、中には不気味で、ぞっとさせるような強烈な作品もある。優しく、穏やかな笑顔をしているものは希少で、やはり眉をしかめているような表情が一般的である。目に憎悪をこめてにらみつけているものや、ある一点を凝視しているもの、焦点が合っておらず虚空を見つめるもの、どれもいやな予感を抱かせるものばかりである。目が斜視になっている彫刻もあり、これは酒に酔っている状態を段階的に表現している。不機嫌な酔い、敵意に満ちた酔い、果てはこん睡状態に陥っているものさえあるが、ひょうきんなものも少しはある。顔の一部、あるいはほとんど前面が彼ら自身の葉で覆われているものや、顔が隠れているもの、葉文の隙間からこちらをじっと見ているものもある。

葉の下に隠れた顔の彫刻が発見されたのは、イーリー大聖堂のレディ礼拝堂が最初である。五月祭の式典の演劇において、役を演じているグリーンマンや緑のジャックが、葉の隙間から顔を覗かせている屋根飾りの彫刻にそっくりであることを指摘されたのだ。

しかし、この彫刻が緑のジャックであるという解釈は、中世に使われたモチーフ全てに当てはまらなかった（正確にはどれ一つとして当てはまらないと言った方がよいのかもしれない）。むしろこの彫刻には、グリーンマンの特徴である再生と復活の力が表現されていた。

時を経ていくうちに、グリーンマンの彫刻は様々なアイディアを取り入れていった。異なる文化的風土や、彫刻に携わる人間達の空想力と混ざり合うことにより、彫刻は進化し、同時に

イラクのハトラの男性メデゥサ（2世紀半ば）

多様化していく。視覚によるイメージは文章と同様に、思考やアイディアのみならず、それらを作り出す人々の夢にまでも貴重な洞察力を与えることができるのである。

葉文の頭部は、長い歴史の中で多種多様なアイディアを呼び起こした。そういったアイディアの数々の例は、特定の場所や時期において、これらのアイディアの一部を著した歴史書から学び取ることができる。また、職人達が今日に残した私文書からもそれらを読み取ることができるし、読み書きがほとんどできなかった職人達からは、彼らの作品を通して奇妙で繊細なアイディアを感じることができるだろう。

著者の個人的なグリーンマンへの探求は、ヨーク州のフォウンティンズ大修道院において、まったく予期せぬ形で葉状の頭

と出会った所から始まった。廃墟の中を歩き回っていたある日のこと、たまたまナインアルターの礼拝堂の、背の高い窓を見上げると、アーチの頂点付近に、口から奇妙な植物が生えている人間の頭の形をした彫刻があることに気が付いた。私はフォウンティンズで、空想的で装飾的な彫刻を他に見ることがなかったので、この彫刻に大いに関心を抱いた。この修道院は、歴史の後半にさしかかっても厳格で禁欲的なシトー修道会的な性格を堅持し続けていたので、この孤独なグリーンマンは、礼拝堂の外壁にある唯一の飾りであったのだ。私は意表をつかれた気分であった。この彫刻の石材は15世紀後半に、開拓による損傷を修復するための石材であった。葉文の頭部の登場は、フォウンティンズでは目新しく、どこか異様な感じのするモチーフではあったが、一般的な教会建築においては長く定着したモチーフであったので、フォウンティンズに使われたことはそこまで驚くべきことではなかったのかもしれない。ましてや画期的なものでは決してなかった。当時の石工が、他の一般的なモチーフではなく、あえてこのモチーフを選んだのは、位置的な関係から接合が難しかったので、彫りやすいものを選んだことは当然だが、この装飾的なパッチワークには石工の個人的な感情が込められているような気がするのである。

この廃墟に取り残された、枯れきった老人の悲しげな表情は、私には最も人間味に溢れるタッチに思えたし、同時に幽霊のような空恐ろしさも感じた。この時、私はジョン・ウェブスターの「マルフイ公爵婦人」に出てくるエコーを思い出していた。「おまえが聞いた中で一番のエコーだ」という反響は、主人公

葉文のマスク。イスタンブール考古学博物館(6世紀)

のアントニオが死の直前に、友人のデリオと訪れた古びた修道院の廃墟に残された、ただ一つの「命」であり、全てのせりふが死を予感させるような話し方なのだ。

アントニオ　……全てのものには終わりがある。教会にも、町にも(人間のように病み)やがて必ず死に至るのだ。
エコー　死に至るのだ
デリオ　ついにエコーがおまえを捕らえたぞ
アントニオ　うめき声をあげたな（そう感じた）そして死にそうな話し方だった。

エコー　　　死にそうな話し方だった
デリオ　　　奴は勇敢だと言ったではないか。猟師にでも、鷹匠にでも、音楽家にでも、何にでもできるぞ。悲しみに満ちた者にでもな。
エコー　　　悲しみに満ちた者にでもな。
アントニオ　そうだ。それがいい。奴にはそれがお似合いだ。

グリーンマンは、吊るされた死刑囚のように枝に引っかかっていたせいでフォンティンズの壁には死の雰囲気が漂っていた。この壁の様子からは、緑のジャックは全く思い浮かべることができない。緑のジャックでは、厳格で禁欲的な教会のイメージにはそぐわない。葉に侵食されて見棄てられた頭部は死と滅びを感じさせるものであり、命や復活とは微塵も結びつかない。これはまさしく、「悲しみに満ちた者」の姿であり、それがよく似合っているのである。

私は、こんなことを考えるようになっていた。もし職人が猟師や鷹匠や音楽家のようなモチーフを取り上げていたら、どううつっていたか、葉の中の顔は職人に何を語りかけたのか。なぜ、このモチーフが人類の滅びを示唆しなければならなかったのだろうか。

聖アブルの墓の蓋の土台にある彫刻の図；ポイターズ４－５世紀
Ｋ・バスフォードが発見した顔から植物が出を最古のもの

そして、この教会にあるモチーフは、既に死期が迫っているものであることに気付いた時、私の脳裏にグリーンマンの物語が思い浮かんだのである。それはつまりどういうことなのかを理解するには、物語の始めから書かなくてはならないだろう。

グリーンマンの歴史と変遷

ⅰ）古代美術と中世の装飾に見るグリーンマンの原型

葉のような頭や顔を持つグリーンマンの究極的な起源は、1世紀後半のローマの芸術にまでさかのぼる。しかし、ローマ帝国が発展していった2世紀を起源とするのが一般的な見解である。グリーンマンは「ピープルド・スクロール」の飾りのモチーフとしてしばしば使われ、時には隔離されたモチーフとして使われていた。男性の顔から、装飾として巻いているアカンサスが生えている彫刻は、ローマのセプテミウス・セヴェルスの凱旋門と、同じくローマのオーレリアンの太陽の神殿の小壁で再現された。やがてこのモチーフはローマ帝国の東西に広がり、果てはバールベックや、ボルドーにまで見ることができる。様々な神々を祭る寺院に幅広く使われており、また、石棺にもメデューサの仮面と同等の頻度で登場している。

実際、このモチーフは、男性のメデューサとして表現されていたことがある。一例を挙げると、メソポタミア（現在のイラク、アル・ハドル）のハトラにある寺院の正面の高い場所に彫られたレリーフは、髪の毛に蛇がのた打ち回っている様子が描

かれている。このハトラの面は、バースのサルス・ミネルヴァにある寺院のペディメントに彫られている、睨み付けている男性メデューサの彫刻と驚くほど酷似しているバースのメデューサは、マイルデンホール（現在の大英博物館）の大銀板の中心部にある円形の浮き彫りの、しかめっ面をしたオケアノス（ギリシア神話で神々の祖）ともよく比較される。これもハトラの面のように、海草、またはアカンサスのあごひげを生やしており、波打つ髪の毛の上では、蛇ではなくイルカが泳ぎまわっている。射るような鋭い視線はこれら３つの彫刻に共通しており、これら葉のマスクという古美術の、頑固でありながら不変ではない特徴は、後世グリーンマンに受け継がれる「一族の特徴」として認識されるべきものである。

この他にも、グリーンマンの原型と言えるものの断片が、モーゼルのトリールからほど近いニュウマゲンで、墓碑にほどこされた、鮮やかな彫刻からいくつか発見されている。

この墓碑は２、３世紀頃のもので、裕福で著名なトレヴァラン市民達を追悼するために作られた。そういった市民の多くはワイン商で、彼らの荘厳な石棺は、水夫を載せたワイン輸送船に擬せられており、中には大変陽気な水夫の姿も見られる。

葉のような顔は、この内４つの墓碑の破片から見つかっており、このモチーフが北アルプスの国々において広がっていく様子を研究する上で、もっとも重要な資料となっている。４つの内、１つはオケアノスを表しているということで間違いはないだろう。ここでは神々の島への順調で安全な航海の象徴として描かれている。残りの彫刻については、詳しいことはまだあま

り分かっていない。イヒゲンニエンプファイラーの大パネルに彫られた彫刻では、葉のような顔が中心的な役割を果たしている、片面では、銅鑼のついた牧杖がその顔に突き刺さっている。これは、マイナスの壊れた銅鑼とサテュロスの持っていた牧杖で、バッカスを象徴していたのかもしれない。葉文の顔とバッカス信仰との関係性についてあれこれ考えを巡らすのは非常に興味深く、新しいワインで顔を着色し、葉でできた立派なあごひげを生やしたデュオニソスを称える古代の質朴な祭祀を思い起こさせる。一方でオケアノスは、たびたびバッカスと並んだテーマが使われているので、このパネルにある葉文の顔もオケアノスを表しているのかもしれない。

ニュウマゲンにある葉文の顔の数々は、人間らしい顔つきに、少しだけ葉の要素が付随しているようなものとは大分異なっている。肉付きのよい頬やあごに、アカンサスのひげを生やしたものや、眉毛がカールしたアカンサスで出来ているもの、イヒゲンニエンプファイラーのパネルように人間の顔が完全にアカンサスに覆われてしまったものもある。葉が毛髪に取って代わったものばかりではなく、目の端にある涙腺や口の中、中には顔面全体が葉になってしまった顔まであるのだ。顔の部位は、葉を重ね合わせたり、折り曲げたりした形で表現されている。

この両極端の典型的なタイプである二つの顔がスクルレイプファイラーの小壁で発見されている。小壁にまんべんなく彫られたアカンサスが、人の顔を緻密に形作っており、これは偶然のいたずらではないかと思わせるほどだ。だが、この彫刻は確かに精巧に形作られていて、誰もいないのにもかかわらず、人

ドイツのトリールの大司教エベルトに献じられた写本(983年ごろ)

フランスのアヴィニヨンの柱頭(12世紀)
森口多里が1920年代に、次いでカサリン・バスフォードが研究した。

の気配さえさせるのである。単なる葉の房が、どうしてこのように悲しみに溢れた表情をしているのか。この完全な変容が、悲しげにしているのは記憶のせいだ、と言っているような気がした。

ニューマゲンの墓碑の破片は現在、トリールのレイニスチェス・ランデスミューゼアムに保管されている。ここでは２世紀に製作、６世紀にトリール大聖堂に持ち込まれた２つの華麗な葉文の面の鋳型も共に保管してある。

原物は11世紀、聖堂の修復の過程に石造りの部屋に閉ざされてしまったので、この鋳型が、今★日我々が見ることのできる唯一の葉文の面の形跡である。この鋳型は100年前大規模な修復作業の際に発掘されたものだ。11世紀の石造り建築の一部を一時的に移動した時に、６世紀、ニセティウス司教によって建設された（スクェアー・チャンネル）の４本の柱のうちの１本が発見された。大まかに彫られた混合式の柱頭には、主要な飾りつけとして、渦巻きの間隔ごとに巨大な葉文の面がついている。この一時的な移動のおかげで日の目を見た鋳型は、頭部に葉の冠がかたどられており、眉や、目の下から鼻の横、つまり頬にあたる部分には、冠よりも多量の葉が広がっていた。上唇が破損しているせいで幾分顔がゆがんで見えるが、葉の眉の下の力強い目がぎょろっとこちらを睨み付けていて、非常に深刻な印象を受ける。

★私がトリールに勤めていた頃から、壁に小さな窓がついたおかげで、訪問客がグリーンマンを観られるようになった。情報をくれたウィリアム・アンダーソン氏に謝意を表する。

トスカナ（イタリヤ）の聖ピエトロ寺三頭（12世紀）

19世紀の発掘まで、この柱頭はイタリアの職人たちがビザンチンのものをモデルに製作した6世紀の柱と同時代のものであると信じられていた。そしてこの説は1962年まで一般的に認められていた。それ以前に、ある専門家が、この柱頭は2世紀の作だとする仮説を立てていたが、1961年から1963年の発掘作業において、原材料の再検査を行い、より精密な調査を行うまではその確証を得ることができなかったのである。柱頭は、「アム・ヘレンブランチェン」として知られるハドリアン式寺院の遺跡でも使用された精確な考古学の特殊な資料によって分析を受けた。様式や材料は同じ遺跡で発掘された他の彫刻の断片と一致しているか、寸法は元の建築に適したものであるか、そして、ニセティウス司教が実際に廃墟からこの彫刻を拾い上げ、新たに聖堂の柱として使用したものなのか。聖堂に新たな場を与えられた柱頭は、明るい色に塗り替えられた。葉文の面と渦巻きは山吹色に、その下の、アカンサスの飾りは赤く着色された。色素の跡は、二つ目の鋳型が発見された、1861年から63年の発掘の際の柱頭に残っている。

ニセティウス司教は、柱頭を製作した職人の技量と壮麗な光彩に感服し、他の要素は一切考慮に入れず、ただその出来映えのみによって柱頭を選んだのではないかと推測されている。つまり葉文の頭部が聖堂にやってきたのは、言わば偶然であったのだ。しかし、このモチーフにとって、この一件は大きな歴史の転換点であったことは間違いないだろう。

華麗な葉文のマスクの柱頭はトリール大聖堂において、500年もの間展示された。その鋳型、華麗さの裏側にあって、幽霊

コペンハーゲン王立図書館。写本Ｂの頭文字（12世紀）

のように青ざめた印象を留めるのみである。葉のマスクが飾りつけられていた柱は4世紀に建立した、神聖で、建築物としても珍しい、スクエアチャンネルに立っていた。現在は大聖堂の宝物として保管されている、トルー十字架やセムレスの法衣など、貴重な品物を貯蔵する倉庫として使われていたと考えられている。

葉文のマスクはトリールにおいて、教会の奉仕という新たな生活を与えられた。特に、吉事や縁起の良い時に使われていた。この尊い教会において、長期の使用が認められていたということは、葉文のマスクが西洋のキリスト教の中世の飾りとして進化していくために、最も早く、最も貴重な足がかりとなったのである。

トリールの聖堂に導入されたことは、葉文のマスクが教会内において安定した位置を得た、と考えることができる。もしこの幸運がなかったならば、葉文のマスクは生き残ることはできなかったであろう。ニース司教が拾い上げる以前に、この主題はキリスト教の装飾として小さな居場所を得ていたのである。

ポアチエにある聖ヒライル・ラ・グランド教会内にある聖アブルの墓石に使われている大理石の蓋の土台に、葉文の頭部が浅い彫刻のレリーフになっている。この4世紀から5世紀のキリスト教徒の墓の装飾は、非キリスト教信者の墓からモチーフを真似ている。イルカ、後光のさしている半身像、それに葉や、葉でできた頭部を入れた花瓶が描かれているのだ。ヘレニズムの葉文のマスクとは大分異なっており、非常に興味深い彫刻である。頭部には、頭髪やあごひげを表していると考えられる葉

英国ハーフォード州 キルペック教会入口。ロマネスク式、非常に有名。
ケルト文化、北欧文化、グリーンマン混交(12世紀)

が切れ目なく、幾重にも重なっており、型にはめたような葉や花をつけた大きな枝が鼻の穴から生え、異様なくちひげのように、側頭部にまで伸びている。この質素な作品は、非常に興味深いものである。キリスト教初期の装飾の見本であるということだけでなく、独創性に優れているのだ。ヘレニズムの葉文のマスクに比べ、遅れているというのは当たらず、むしろ進んでいると言ったほうが正しい。中世初期の葉や、葉のようなものの巻きひげや枝が鼻孔から伸びている彫像の原型がここにある。

東部の教会には、葉文の頭はおろか、物珍しいものは一つも見当たらない。これはおそらく、8世紀から起こり始めた、偶像に対する強い反対が影響していると考えられる。モチーフの不在は、想像を掻き立てるモデルの不足ということではもちろん説明できない。葉文のマスクが、5、6世紀のコンスタンチノープルをはじめとしたボスフォロスやマルモラの海周辺の人々に親しまれていた建築の装飾であったことについては多くの証拠がある。この地域では、ヘレニズムの伝統である壮麗な芸術の数々が依然として作り出されていた中で、葉文のマスクのモチーフが、西洋の教会において新しい命を貸し与えられたのはまさにその時であった。葉文のマスクのみ、または葉文のマスクが主流のモチーフとして使われていた柱頭が数個発見されているが、これらは全て6世紀の作で、現在ではイスタンブールの考古学博物館で観ることができる。この中でもっとも秀逸な作品は、1885年、マルモラの海の南岸ムーダニアで発見されたものである。柱頭の片隅にそれぞれ葉文のマスクが位置しており，その間には角がたくさん生えている。角の根元にはア

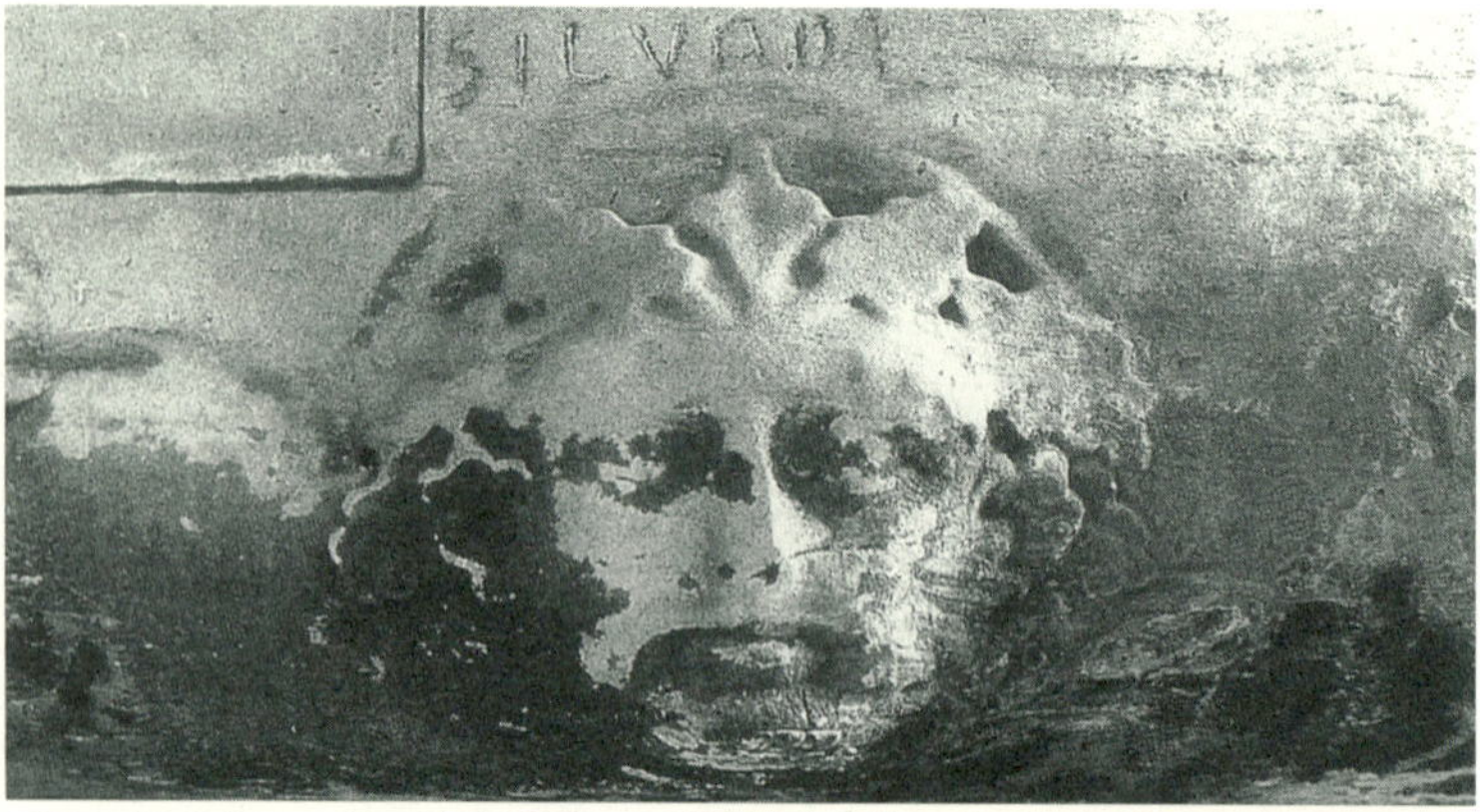

フランスのサン・ドニ市ラピデール博物館噴水盤にあるシルヴァネスの頭、名前入り。K・バスフォードが発見して有名になった（1200年）オークの葉文の顔。

フランスのヴェエヌ市のポアチエ大聖堂（13世紀）

バンベルク大聖。ヨーロッパで最も有名なグリーンマンの一つ
アカンサスの頭(1237年)。騎士像の台座の角

カンサスの葉が、唇にはブドウがあふれ、上からはプラタナスの木が、左側に熟したサヤエンドウを実らせ、右側に小麦のような耳をつけて吊り下がっている。このマスクは、同時にサテュロスと海の神であるオケアノスの特徴も合わせて描写されており、髪の毛や眉毛、ほおひげやくちひげ、あごひげは全てアカンサスで表現されている。その表情には力強さと繊細さが同居しており、陰鬱さや真剣さを見て取ることができる。額には深いしわが、目には深い瞳孔が彫られていて、空を見つめ、何か内的なものに心を奪われているような感じがする。

出所が不明な２つ目の柱頭についている４つの顔のうち、１つはサテュロスのような葉文のマスクである。鼻の両脇の上に、狭いしわが縦に入っており、そこから大きなアカンサスが2つ生えていて、その葉が口ひげの形に伸びている。唇の下からは５番目の葉があごひげを形作っている。額を横切る直線は、この顔が仮面であることをはっきりと示しているが、奇妙に引き伸ばされた目に、辛うじて焦点の合った瞳孔は内省に没頭しているようなこのマスクの外見は、その強烈な表情とは明らかに相反している。

一対の柱頭に１つずつ付いている２つの葉文のマスクは、イスタンブ－ルの、現在は裁判所の新宮殿になっている場所で発見された。明らかに斜視の瞳孔が一点を見つめているものである。

1972年には、古代の都市防壁で、たくさんの角が柱頭にある葉文のマスクとともに再び発見された。たくさんの角と葉文のマスクの組み合わせが発見されたのは２度目のことで、この事

例は２つのモチーフの間には、ただの偶然ではなく、なんらかの相互関係があることを示している。

10世紀から12世紀までの写本や彫刻には、古代の葉文のマスクの影をとどめた葉の作品の姿はあまり見られない。この時期、葉文のマスクは悪魔として扱われていた。この性格の変遷は、980年頃にライヒェナウ、またはトリールで製作された２冊の写本で明らかにされている。１冊目は、983年にトリールの大司教であるエグバートに贈られた写本である。奉納された精密画は、アカンサスの渦巻き装飾のついた人のマスクで囲まれている。これは明らかにヘレニズム期の「ピープル・スクロール」のモチーフから来たものであるが、その表情はゴブリンのようであり、頬からではなく、口から葉が生えているのが特徴である。その２年後に再びエグベルトに献呈された。２冊目の写本の該当ページでは、人のマスクが、耳から蛇や鳥が飛び出している、痩せこけた恐ろしい悪魔に代わってしまっているのだ。渦巻きの縁取りは、葉、鳥、獣がお互いから生えている絵が載っており、その部分の葉までも悪魔のように描かれている。

この変遷の根底にある思想は、８世紀に大きな影響を持った、博識で知られる神学者ラバナス・マウルスに見ることができるだろう。彼によると、葉とは肉体の罪、または地獄へ落ちる運命を背負った邪悪で淫らな人間の象徴であるらしい。

ヴテルボのトスカネラ（トスカナ）にある、聖ピエトロ寺院の正面の彫刻は、葉文のマスクの邪悪な一面を、これ以上ないというほど劇的に表現されている。これは基本的に「ピープル・スクロール」のような飾りであり、開けた柱廊の窓で縁取

ドイツのマクア・ラーハ修道院（1230年）

られている。

葉の渦巻き飾りは、縁の上下両端の中心に据えられた、２つの奇怪なマスクが元になっている。このマスクには両方とも顔が３つあり、１つが正面を、他の２つは横を向いている。それぞれに口や鼻がついているが、両目の片方は他の２つと分け合っている。

中世では、三つの頭はキリスト教の聖なる三位一体と、完全な悪と、両方を意味していた。まったくの正反対な図象学的の通則は、もちろんお互いに無関係であるが、それぞれガロ・ロマンに端を発するものである（ランス地方では有名）。トスカネラの彫刻がどちらを意味しているかは疑いようもないことである。

２つのマスクは似通っているが、決して同じものではない。どちらも真ん中の顔が舌を出し、両側面の顔も、葉の渦巻き状

英国ノッテンガム州のサウスウェル大聖堂（13世紀後半）

英国ノッテンガム州のサウスウェル大聖堂の竜がグリーンマンの変りをする。
（13世紀後半）

ではあるが、肉付きのよい舌を出している。どちらの悪魔も酷い特性を持っている。上の悪魔には角が生え、胴の付いている下の悪魔は自分の胸に蛇を近づけており、その蛇は主人と同様に毒の舌を出している。

このイメージはおそらく、ニコデモスによる聖書の外典の福音書に記され、6世紀にアレクサンドリアのエウスビウスが、キリストの受難日での説教において引用した、キリストが地獄への下っていく話に関連している。キリストのはりつけによって色を失った悪魔が地獄に避難し、キリストの地獄へ侵入を拒むために門を閉ざした。しかし、天使を従えたキリストは、「城門よ、頭を上げよ、とこしえの門よ、身を起こせ。栄光に輝く王が来られる。」（詩篇24，7．）と地獄への入場を乞うた。キリストは地獄の入り口でサタンと対面し、サタンはキリストに「トリセパル・ベルゼブル」として挨拶した。（15世紀の写本ではそう翻訳されている。）つまり、3つの頭を持つベルゼブルという意味である。同じ外典の福音書では、サタンはルデクス・オムニウム・マロルン、つまり全ての悪の根源とも呼ばれている。悪魔の三つの顔の口から伸びている巻きひげは、地獄の悪を吸い込むためにあるという解釈もできるかもしれない。

中世初期に悪魔を描いた作品は、「御しにくい器官」である舌を出しているものが多い。アヴィニヨンにある柱頭の悪魔の頭部は、舌を出しているばかではなく、残酷な歯ものぞかせている。悪魔の口は地獄の入り口を表しているとも考えられており、オータンの聖堂の柱頭では、人の体がマスクの口の中に消えてしまった様子が描かれている。

12世紀に入ると、葉文のマスクそのものから葉が生えることはめったになくなった。1135年にコグニグスルターの壁の持ち送りに彫られたこのタイプのマスクは、希少な例外である。それらに代わって、マスクに葉文がついたもの—葉の渦巻き飾り、すらっとした巻きひげ、太い枝が口や鼻から生えているようなものがより一般的になつた。このような形のマスクは、葉の口ひげを生やしたマスクを、より極端に改造したものであるという見方もできるが（ポアチエにある聖アブルの墓石についた葉文のマスクはこの発展を予期していたのかもしれない）、これらは中世の芸術の中では、全く別物として語られるべきである。これらのマスクから生えている枝は、凶悪な悪魔の根を参考にしているのではないかという議論がよくなされるが、葉の生えた鼻はそれ以上に特別な意味を持っていると指摘されているのである。このことは「私の鼻に木の枝を突きつけて、私を更に怒らせようとしている」（エゼキエル書８．17）という文からも解釈することができるし、偶像崇拝者には神の情愛は示されないことをほのめかしている。悪魔と呪われた人（結局は悪魔になるが）を見分けることは難しい。時々、葉の代わりに蛇や竜が口から飛び出しているものもあるが、これまで見てきたように、中世の初期の芸術において、枝は容易に恐ろしい獣や鳥に変わってしまう。そして、これらのものが全て同じ地下茎から生み出されたというのは、決してあり得ない話ではないのである。

マスクそのものを動物の形に変えることは可能である。特に、人間のマスクを猫のマスクに変形させることは最も一般的であ

英国ノッテンガム州のサウスウェル大聖堂の竜がグリーンマンの代りをする。(13世紀後半)

る。葉状の猫のマスクは初期の写本によく見かける。特に詩篇の初期の写本であるベアツスでは、「B」の二つの曲線の間にある横棒が猫の形をしている。だが、これは容易に人間の形にも変えることができそうであり、実際、コペンハーゲンの王立図書館では詩篇のフォルクンゲ版にその例を見ることができる。

猫のマスクは、1120年にペテルブルグに近いカストールの聖ケイネブルガの柱頭に再び現れている。この彫刻の猫は、口から伸びた枝を、人間の手でつかんでいることから、擬人化されていることは明らかである。

ノッテンガム州サウスウェル、壁の持ち送り

カストールでは、ロマネスク式の葉文のマスクの、基本的なタイプのものを２通り見ることができる。１つは口から、もう１つは鼻から葉が生えているものである。奇怪な形の変容は多岐に渡っているが、葉のおかげでモチーフはすぐに認識することができる。

クルニアックの修道院にグロテスクな像があまりに増えすぎていることを嘆いたクライルヴァウの聖ベルナルドは、顔から

葉が生えている像については、彼の目録である「立派、美しい醜さ、醜い美しさ」の中では特に言及しなかったが、ほとんどの作品が「不潔な猿」と酷評される中、多くの作品が包括的に適格とされている。

葉文のマスク（及びその他の「美しい醜さ」の作品）の定位置は、ロマネスク式の教会の柱頭であったが、コーベルや洗礼盤、三角小間でも発見されている。しかし、三角小間で神聖なる議題の話し合いが行われている時は、葉文のマスクは、建物の端など、きちんと境界が定められた場所に隔離されていたはずである。

例外があるとすれば、グロスター州のエルクストンにあった、一般的な規則である。彫像は、キリストが座についている三角小間に置かれていたのである。キリストは右手を高く掲げ、祝福の手振りをしており、左手には4人の福音書記者の象徴である審判の書を携えている。キリストの右手の端には、彼自身の情熱を表したアグヌス・デイと、天使がいて、左手の端には「口から渦巻き状の葉飾りが飛び出しているグロテスクな物体」がある。このグロテスクな物体が葉文のマスクであることは当然認識できる。他の彫像の周りを囲むため、渦巻いた葉が口から伸びており、この明らかなる「異端者」は結局、隅に追いやられる。しかしこれは最後の審判で、キリストに見放された罪人達が地獄に落ちていく場面をどこか彷彿とさせるものがある。

英国におけるロマネスク式の葉の彫刻で最も良く知られているものは、ハーフォード州のキルペック教会の南門にある柱頭である。おそらくブドウを様式化した枝が口から生えており、

枝は葉も果実もつけている。

同じ植物をモチーフにした像が三角小間にも置かれている。この像は単純に装飾用のモチーフであり、命の木を象徴したものではないが、そのような解釈がなされてもおかしくはない。命の木の象徴的意義は、悪魔との結びつきが特に重要な意味を持っている。命の木はイブが禁断の実を摘み取った木でもあるのだ（イブが蛇のあごから直接実を取ったとするものもある）。アルボール・マラであり、同時にアルボール・ボナでもあるということだ。

それでも、全ての幻想的な葉文のマスクについて、いちいち説明を行うことは不可能である――いくつかの幻想は、単に装飾であったことは間違いない。特定の「グロテスクなもの」には必ず極端な訓戒が込められている。しかし、全体的に見れば、これらの意味は中世初期のモチーフのために確立したものである。我々の前にある問題と冒険は、グリーンマンが誕生へと向かって行く13、14、15世紀の幻想的な世界の中で、どのように新しい考えが広がっていたのかを発見することなのである。

ii）グリーンマンの時代

13世紀の初頭、葉文の様式が変化した。それに伴い、様々な飾りとして使われていた葉文の頭も変化していった。はっきりとした様式の変化は、フランス、ドイツ、イギリスから始まり、徐々にフランスの様式が他の２国のモチーフの発展に影響力を持ち始めた。まずドイツが、そして世紀末にはイギリスに浸透

ヴィラール・ド・オンヌクールの描いた葉の頭の図　1235年

した。

こういった変化について考察を行う前に、葉文の頭がグリーンマンの話にはっきりとつながっていくまでの、非凡で、ひょっとすると独特な挿話について言及する必要があるだろう。

聖デニス修道院の回廊に、1200年頃作られた噴水の水盤に、いくつもの顔が彫られており、それぞれがローマの神々を表している。全ての顔の上には神の名前が彫られており、葉文のマスクにはシルヴァン（Silvan）とあった。

聖デニスの農牧神（Silvanus）は聖像学的には難問とされている。というのも、古代の葉のマスクからはその名前が出てきていないので，このモチーフが、中世で広く知られている農牧神である証拠を得ることができなかったのである。眉にはオークの葉が生えており、ラバヌル・マウルスの百科事典に描かれているバッカスの像と共通している面があった。ここから、この面を製作した芸術家は、自らの考えを残すためにこの林地の神をモチーフに、想像のみで像を彫ったのだと推測された。

13世紀フランスの葉の頭部には、その構造から2つのタイプがあり、どちらのタイプも葉文の頭と葉文のマスクとしてよく知られている。葉の頭の例は、石工の大家であるヴィラール・ド・オンヌクールが、1235年に建築のメモや図をまとめた本の中に4種類見ることができる。この中で彼は2つの「変形」を著した。人間の顔が葉に変わっていく様子（葉文の頭が人間の首と肩に乗っている）と、葉が人間に変わっていく様子（1つは葉の束、もう1つは茎と1枚の葉）である。彼はこの変身を極めて記述的に葉の頭と総称した。

ヴィラール・ド・オンヌクールの描いた葉の頭の図　1235年

葉文の頭は、古代の葉のマスクと同じように、人間的な部分と葉の部分が1つの「有機物」として混ざり合っている。13世紀では、葉文の頭部で2つの要素がどんなに緊密に混ざり合っていても、人間と葉を別の存在として完全に分けているタイプが一般的であったので、葉文の頭はその点で他のものとは異なっている。ヴィラール・ド・オンヌクールは、そのような一般的なタイプのマスクの描写をしなかったので、そのようなタイプのものも、葉文の頭と呼ばざるを得なかった。しかし、現

在では構造上両者の見分けをつけるために葉文のマスク（時としてマスク・エルビュ）と呼ばれている。葉文の頭が古代の葉のマスクからの流れを直接引いている一方で、葉文のマスクは一部、口や鼻から巻きひげや枝が伸びている中世の葉文の悪魔の影響を受けている。そうは言っても、この２つを別のものと考えるのは得策ではない。なぜならば、お互いの中間点を取ったようなマスクも発見されているからである。２つのタイプが離れていくというよりも、むしろ収束と重複の繰り返しにより、２つの「種」ができていったのである。

チャートレス聖堂の南翼廊正門の上に並んでいる、３つの葉文の頭部には、この２つのタイプ両方が揃っている。葉文の頭（アカンサスのマスク）の両脇に、口からブドウを生やしているものと、オークを生やしている葉文のマスクが並んでいる格好だ。ブドウやオークは非常に写実的に彫られている。葉が正確にかたどられているだけでなく、育ち方や、茎から生えた葉が、光を求めて伸びていく様子などがよく観察されているのだ。13世紀の彫刻は、このように慎重で繊細な自然観察によって驚くべき進化を遂げていったのである。

葉文の頭は、アーチ門の横や間の空白を埋めるために、本物の葉の代わりとしてもよく使われていた。ランス聖堂の西側内部にある壁の空白を埋めるために彫られた２つの葉文のマスクは、ポティエ聖堂の三角小間にある聖歌隊席の仕切りに付いている葉の頭と酷似しているし、アウバズイン（コレッツ）の修道教会にある聖エティヌ礼拝堂の飾りも同様である。それだけではなく、葉文の頭は他にも様々な形で使われていた。例えば

ノッテンガム州サウスウェル、サンザン五月の王(13世紀)
ただしキリストの荊冠として使われたので家に持ちこむと縁起が悪い。

オーセール聖堂の壁の持ち送りにおいては、葉文のマスクは3次元デザインにまで進化している。この素晴らしい彫刻は、頭の葉が風（もしかしたら他の不安で落ち着かない霊のせいかもしれない）になびいている様子まで表している。

一方、葉文のマスクは、葉文の広がりや拡張の始まりや中心として使われている。ノートルダムやセムルン・オクセーの内陣の柱頭を取り巻いている、豊かに実ったブドウや、ヌワヨー聖堂の会議場の屋根飾りの葉の茂った巻きひげは、全て人間の頭部の口から伸びたものである。（ヌワヨー聖堂の屋根飾りは、緑のジャックがからかっているように見られた最初の彫刻である。）

このモチーフの悪魔的な性格は、まだなくなったわけではなかった。トロイエにある聖ユルベンの入り口にある要石の隅には、葉の角を生やした悪魔が彫られており、地獄の入り口を劇的に擬した形で、入り口のすぐ下に置かれている。しかし、悪魔的な性格が誇張されすぎることはない。13世紀の葉文の頭部は舌を出すことも、今にも食いつかれそうな獰猛な獣の牙を剥き出しにすることもない。彼らの邪悪な面は、微妙な形で表現される。というのも、これらの芸術は、静かなしかめっ面、苦い表情、悪い予感などといった、古代の葉文のマスクの聖像学に忠実に基づいて発展しているためである。

13世紀、このモチーフが宗教的な飾り以外にも使われていたという証拠は非常にわずかである。リモージェにおいて、金やエナメルの馬具の飾りに彫られたものがパリのクリュニー博物館に展示されている。この素敵な真鍮馬具の葉文の頭は、葉の

デヴォン州のエクセター大聖堂（14世紀初頭）

眉やくちひげ、ほおひげが生えており、幾分斜視である。

ドイツで13世紀初期に作られた葉文のマスクは、６つの頭部が組み合わさり、アカンサスの葉が、ロマネスク後期、1200年から1215年のマインツ聖堂の市場の入り口の三角小間を縁取っている。ここでは前世紀のものと同じような形でモチーフを使っているが、「グロテスク」と呼ぶには当たらない。マリア・ラーハ修道院（1230年頃）の前庭の入り口にある柱頭（あるいは柱頭のようなもの）と同じように、ローマの州政府の記念碑の流れを直接受けていると考えられている。２つ並んだ石のブロックに彫られた２つの葉文のマスクの横顔は、お互いほとんど、しかし完全には向き合っていないが、１つになると正面を向くようになっている。

アシャフェンブルグの聖ペテロ及び聖アレクサンダ教会のコーベルには、全く違ったタイプの葉文のマスクが置かれている。これは1220年に石工の大家であるフィンガーハウトが彫ったものである。葉が額やあごから生えており、他の葉、おそらくブドウの葉が口から伸びている。そして、両目の間には少ししわが寄っている。このような特徴はヴィラード・ド・オネコーの絵の中にも２つ見ることができ、古代の原型（例えば、ミューダニアの柱頭にあるオケアノスとサタイアの仮面など）から「受け継がれた」ものであることが分かる。

1230年代のドイツの彫刻にはたくさんの葉で覆われた人の顔を見ることができる。このモチーフの極端な例が、ゲールンハウゼンとバンベルグ聖堂のマリアンキルヘで発見された。

バンベルグの葉文のマスクは、ライダーとして知られる騎士の像の下にあるコンソールの片面に彫られたものである。この彫刻は、「巨大なアカンサスとして命を与えられた葉が人間に変身する…その表情は気高く、儀礼に精通し、騎士との交わりを通して、その華麗な性格が映し出されている」と言い伝えられている。しかし、この彫刻は聖なる騎士の言い伝えを正確に映し出したものではなく、むしろその暗い一面を映し出すものであった。巨大な林に眠る全ての暗闇、力、謎がこの荘厳な葉文の頭部に凝縮されている。バンベルグの葉文のマスクは闇の王子なのである。

この荘厳な彫刻は1237年に、バンベルグのマイスターによって制作された。13世紀、もしかしたら史上最も美しいと言われている葉文の頭を持っている、この葉文のマスクはドイツ人の

性格をそのまま表している。

クロゼター・エバッハの入り口にあるオークの葉があしらわれた２つのマスクは、フランス様式に近づいており、実際ヴィラード・ド・オネコーの描いた、顔が葉に変化する絵とよく似ている。それぞれが本物の葉の代わりに使われており、片方はアーチ門の要として、もう片方は内門にある３つの飾りのうちの１つになっている。これは、このモチーフが13世紀、シスターシアン教会の出入り口に置かれた葉飾りが変形したものであるためかもしれない。この時期葉の飾りは、慎重に使うという条件付きで、厳格な施設であっても設置することができた。

天井に浮き出した飾りの顔は、異常なほどにやつれており、顔から伸びている葉に全てを吸い取られているようである。何枚かの葉には瘤がついており、この描写は大変興味深く、何らかの意味が込められていると思わずにはいられない。これは苦い幻滅、または死期の近い罪人が無駄にしてしまった人生を表現しているのではないだろうか。

「歯を食いしばるべきだと思うか。『緑は必ず萎れる』」

(13世紀のイギリスの韻文)

フリードブルグにあるリブフラウェンケーフの聖具室の扉の上にある三角小間で、たくさん実を結んだブドウの間にある花のように、なぜオークの葉が萎れてしまったのかは分からない。13世紀後期（1290年前後）に製作されたこの彫刻は、主題の装飾的な価値を、より明瞭にした作品である。自然の植物のよう

デヴォン州エクセターカセドラル(13世紀)。デヴォンはグリーンマン学発祥地

な素晴らしいタッチは、デザイン全体の装飾的な価値を大いに高めるものであった。

13世紀中期に彫られたイギリスの葉文の頭の彫刻は、フランスやドイツのどの作品とも似ていない。「硬直した葉」が圧倒的に多いのである（1260年のハーフォード州のマッチ・マークルが好例)。無限の記号（∞）の形や8の形をした口など、奇怪な特徴を持っているものもある。この異様に強調された特徴は、ライポン聖堂やドーチェスター修道院の葉の頭部に見ることができる。ドーチェスター(オックスフォード州）の頭部には、大きな口の両端からブドウが生えており、巻きひげが眉をつたい、顔の輪郭を形作っている。つるは上に向かって伸びているにも関らず、髪の毛を表すことはせずに、顔の中間点で今度は下に向かっている。この描写については、2通りの見方ができる。

13世紀後半まで、イギリスの教会では、サンザシ、ホップ、キンポウゲ、カエデ、ヨモギ、ブリオニア、ツタ、オークなど土着の植物を自然主義的な彫刻にすることはなかった。イングランドで最も美しい葉の彫刻はノッテンガム州にあるサウスウェル教会の会議場に見ることができる。ここでは葉文の頭部を9回見ることができ、頭部は回ごとに少しずつ変化しており、どこかいい加減な印象を受ける。この中に全てではないが、葉文のマスク様式のものが少なくとも1体はあり、おそらく生えている葉が口から出ている様子に、人気が集まっている。キンポウゲとホップ、ブリオニアと野生のリンゴ、ツタとカエデなど、複数種類の植物がこの簡易「花瓶」に活けてある。曲がっ

たサンザシと一緒に見ると、小さな頭部がシンプルに見える。デザインに「中心」を作り出すために設計されたのだろう。この頭部は装飾を色々と変えるために作っており、ひょっとするとそれ以外に特別な理由はないのかもしれない。これらが葉の悪魔であったとしても、攻撃的な種類ではない。よく竜に例えられるサンザシの茎も、同様である。

サウスウェルにある、葉文の頭の一つはサンザシの仮面である。柱頭のかむり板に置かれており、セイヨウサンザシの花が咲いている。仮面の額部と、あごからは、葉が一組ずつ生え、頭には小さな「アヤメ」の花が小さな冠のように咲いている。この仮面のモデルは五月祭の王であると解釈したくなるが、彼を示していると断定することはできない。

サットン・ベンガー（ウィルツ州）にもサンザシの仮面が存在する。とても悲しげな表情をした口からは、鳥が実をついばむような茂みが丸ごと生えてきている。この面白い彫刻は、おそらく14世紀前半のもので、これが衆人のグリーンマンに対する認識であった。ヌワヨー聖堂にある13世紀の葉のマスクと比べると、フランスの作品から影響を受けていることが分かる。

20世紀の研究者はこのような彫刻を見て、緑のジャックではないかと考えたかもしれない。メーデーの行列のキャラクターや、円錐状の体格に、足首まで分厚い葉をまとい、枝から陽気な顔を覗かせて、木の葉の上を歩いたり踊ったりしている「煙突掃除の緑の息子ジャック」などのイラストを思い出たりしていたかもしれない。しかし、この類似は偶然だろう。緑のジャックの初期の頃の話はあまりよく知られていない。18世紀

ハンプシャーのウインチェスター大聖堂のグリンマン
英国でも有名（14世紀初頭）

終盤の「五月祭のこじき」の文中に、ようやくこの名前や、葉の茂った格好が登場するのである。

一方、教会においてのグリーンマンの歴史と変遷を切れ目なくたどっていくと、4、5世紀にまでさかのぼる。もともとはキリスト教以外のモチーフであったが、教会の中で進化を続け、中世初期には象徴的な存在にまでなった。グリーンマンは主として装飾用に発展したモチーフである。13世紀、古代及び中世初期の美術に、アカンサスなど、北アルプス原産の植物を巧みに利用することで、様々な修正を施した。このモチーフの歴史の中で、最も大きく、そして最も目立った変化、つまり、古代と中世の原型を比べたときの最も大きな違いは、使われている葉の種類なのである。

葉の茂ったマスクの一部が、五月祭の王や春の自然の再生と関係しているとほのめかされていることは事実であるが、それよりグリーンマンはシルヴァダエモニウムの怪奇を思い起こさせる。グリーンマンを一目見ただけで、春のイメージを擬人化したものであるという想像ができる。童謡の「夏が来た」を思い浮かべるのは、なお近いかもしれない。しかし、詳しく調べてみると、グリーンマンが悪夢のように恐ろしい幽霊であることが分かる。イメージとはあいまいなもので、グリーンマンも善と悪を兼ね備えたものなのである。13世紀のバンベルグ聖堂にあるアカンサスのマスクは、グリーンマンのマスクの中で、最も美しいものとされているが、このマスクは同時に、もっとも醜いマスクなのである。

中世初期の葉文のマスクの悪魔のような性質は、グリーンマ

ヨーク州のラヴァーサル聖カサリン寺、聖歌隊座下部（15世紀）

リンカーン大聖堂　聖歌隊座（14世紀）

ンの彫刻の中にも、しつこいほどに生きている。まるで「ゴブリンの幻想をあざけり—顔をゆがめ—汚れた同属殺し」のように描かれるものさえあった。しかし、顔と葉というこのモチーフの２つの成分は、新しく影を使うなど、より自然に表現され、新しい観点から見ることができるようになった。絶望と怒りを表現した作品は、より人間らしく表現されているので、一層不安を掻き立てる。また、悪を表現した作品は、人間味の中に冷酷さが表されているので、より恐ろしいものとなっている。想像力が自然に表現されている作品は、不気味であり、我々の心を力強く揺さぶることができる。

人間的な要素と植物的な要素の連携は、窮屈であるという指摘がよくなされる。あるいは、両者は共存どころか敵対関係にあるものだとさえ言う人もいる。

痩せ細った頭部に力強い葉を描くと、葉が寄生的に見える。現在は修道院博物館となっている、メルローズ修道院の15世紀に製作された頭部の彫刻のマスクには、目と口の箇所に「吸血鬼」と表示されている。「吸血鬼」とは、ふくれた葉と茎を指しているのだろう。この彫刻デヴォン州にある、サンプフォード・カートネイのスプレイトンに置かれている奇妙な頭と比較することができるだろう。

この頭部は、葉が病的な育ち方をしており、グリーンマンは白内障のような病気にかかっているようで、盲目なのである。中にはさらにひどいものもある。瞳孔から葉が伸びているものである。同じくデヴォン州にある、聖マリアのオットリーで、

この不気味な症例を見ることができる。

デヴォン州は、イギリス諸州の中で最もグリーンマンの研究が盛んな州である。州内のエクセター聖堂には、少なくとも17のグリーンマンが存在するが、郊外の教会には最も奇妙な変種がいるのだ。14、15世紀に、職人がグリーンマンをテーマに、聖像学からあらゆる資料を引き出し、自由に、即興で作業を行ったのである。

顔をしかめ、焦点の定まらない目でにらんでいる上に、舌が飛び出し、凶暴な牙を剝いている（これらの特徴は、葉の悪魔に由来しているが、極めてまれに13世紀の葉文の頭部に見ることができる。いずれにしても中世の後期には見られない特徴である）。これらの彫刻は職人達の技術の限界を示しているが、そういった未熟さを作品の活発さと、細部につぎ込まれた独創性が補って余りある。例えばサウス・トゥトンのものは、屋根飾りに、葉文の頭部がいくつも現れている。葉の茂った茎が、まるでグリーンマンの口から出てきたもののように、二股に分かれた彼自身の頭部を囲んでおり、短い枝が舌に変わっている。グリーンマンの創作は、ほとんど民芸であり、多種多様な作品を観察することは、古いフォークソングを聴くことなのである。皆で和唱せずに、色々な歌手が、次から次へと歌を唄い、その場その場で新しい韻文を作り上げていくことと同じことなのである。

全てのグリーンマンに同じ意味が与えられていないことは明白である。あるものは悪魔であり、あるものは罪人の失われた魂を表している。（目や耳、口から葉の生えているものは、そ

サンフォード、聖アンドリュウ寺の天井飾り（15世紀）

デヴン州のスプレイトン、聖マイケル寺の天井飾り（15世紀）

の器官によって犯した罪に由来しているのかもしれない。特に舌の場合はそうである。）非常に少数だが、メイゲームと関係していたという資料さえあれば、五月祭の王と解釈できるものもある。あるグリーンマンは斜視であり、他のものは不摂生から来る二日酔いに苦しんでいるかもしれない。

ウェストン・ロングヴィル〈ノーフォーク州〉にある、14世紀の教会の椅子には、グリーンマンが２つ、ブドウとオークの葉の束を運んでいる男の両側に付いている。一方は口から枝の出ているもの、もう一方は大きな舌を突き出し、耳のあたりから角のように枝の生えているものである。この像は畑を祝福するための祈祷の季節に作られる行列を表しているのかもしれない。少年の一団が「境界線を踏み固めろ」と、緑の枝を運んでいるのは、教会区の境界線を示しているのだろう。祈祷の季節の共同作業は（または、暦のイメージなのかもしれない：運んでいるブドウはやがて実を結ぶ。５月ではなく、９月を指しているのかもしれない）同時にグリーンマンの装飾の共同作業なのだ。この２つのモチーフは葉の束以外、どこも共通するものがない。

単なる装飾用の共同作業と重要なアイディアの共同作業を見分けるのは簡単なことではない。同じように装飾の多様化のために作られた彫像の種類なのか、はたまたモチーフに新しい意味を加えるための種類なのかを見分けることもまた難しい。全く異なるタイプのグリーンマンを、ウィンチェスター大聖堂にある、聖歌隊を仕切るついたてに見ることができる。１つは全身像であり、剣と円盾（攻撃を受け流す盾）を持っている。も

う１つは横顔で、歯に枝をくわえているものである。果たしてこの２つの装飾的な意味を考えることができるだろうか。

モチーフの装飾的な可能性は、想像からくるものであるとするのと同じくらいの割合で、意味のあるものであるとする可能性もある。ラーンのマーブルグのエリザベスケルヒッデでは、内陣仕切りでグリーンマンが豪華な葉の間に、異国情緒あふれる花を咲かせている。これは楽しく、また単純に装飾的である。同じように、驚くほど想像的なのが、（ほとんどイメージなのだが）ケンブリッジ付近のグレート・シェルフォードにある、聖マリアの玄関についている「グリーンマン」である。２枚の大きなオークの葉の輪郭によって、やっとこれが「顔」であると認識できる。近い方の葉の空白と茎の重なりによって「口」が表現されており、「鼻」はどんぐりの実である。狭い目の切れ目は、葉の裂片の曲線で表されているのみである。

グリーンマンは確かに人々に愛された主題ではあるが、復活の春の象徴として崇められたことは極めて少ない。ブリストルの聖マリア・レドクリフで、冠をつけ、お茶目に笑うグリーンマンの14世紀のステンドグラスが、同じステンドグラスにかたどられている聖母マリアと同等に崇拝されているという話は、私にはとても起こりそうにない話に思えた。

グリーンマンの場所を作るという計画は、エクセター聖堂の喜ばしい挺身隊の心像ならばよく理解してくれるかもしれない。聖母が、腹を立てて命の木の影で待ち伏せている、年老いた蛇の頭の上を歩くように、グリーンマンの上を歩いていく。大きく開いた深い口から、上に向かって伸びる葉が、神の子を抱い

ケンブリッジ州のグレート・シェルフォード、聖メリー寺
にある2枚のオークの葉で顔を表わすグリーンマン

ている聖母の背景となって枠を形作り、天使は香を焚いて空を舞っている。グリーンマンの目は春の自然に引き付けられ、より晴れやかな春の喜びについて考えを巡らせている。この場面には、イメージがよく映えるのではないだろうか。グリーンマンと聖母の関係は、バンベルグの騎馬隊の彫刻と一致する。グリーンマンは、キリストの輝かしい天啓を拒否し、まだ救われていない自然の暗部を表しているのである。

グリーンマンの性格の暗い面も忘れてはいない。彼はチェスター聖堂の特免室では悪魔として描かれ、ラグリー・マリシュ（バッキンガム州）の壁の持ち送りでは「汚れた猿」として描かれた。おそらく、ウォーリー教会やカートメル小修道院の特免室にそれぞれ表現された、３つの顔を持つグリーンマンは、

ランカッシャー、カンブリア僧院の聖歌隊座飾り、着冠の三頭(15世紀)

ランカッシャーのハウレイにある聖メリー寺、聖歌隊座飾り
葉文の三頭(15世紀)

トスカネラにあるもののように、諸悪の根源である、「3つの顔を持つベルゼブル」のイメージで描かれたのではないだろうか。15世紀、北ランカッシャーとカンブリアの2箇所において、3つの葉文の頭が再現されたことは興味深い。これは、このモチーフの大変希少な形であるし、私の知る限りでは、イギリスにこれ以外の事例はない。しかし、スカンジナビアではこの形が永続しているという証拠があり、その記録がスウェーデンのゴータンとヴァンリンボに残っているらしい。カートメルの冠をかぶった3つの頭は、13世紀、パリの国立図書館にある写本に描かれた細密画において、悪の三位一体である、3つの頭のベルゼブルとして描かれたサタンの頭の形に酷似している。

キリスト教の墓石や記念碑に、葉文の頭部が使われていること（教会建築の装飾として使われなくなった後も、長く使われている）は、復活の象徴であると言えるのではないだろうか。死から自由な生の象徴である。同じくらいうまく暗示しているのは、「人は皆、草のようで、その華やかさは草の花のようだ。草は枯れ、花は散る」(Peter 1.24) という言葉である。キリスト教徒の魂は、人間の罪深い本性である、肉と悪の世界を捨て去り、洗礼によって、死後の栄光による救済を願うものである。洗礼盤や墓石に彫られた葉の頭は、人間の堕落した、好色な本性、また彼らの、地球でのはかない命を表している。人間に、「全ての緑は枯れる」ことを思い起こさせるためである。

このモチーフは聖者の墓石に使われている。4、5世紀のポアティエの聖アブレ、13世紀オーバズインのシスターシアン修道院に葬られている聖エテーヌ、それから、オックスフォード

の聖フライドワイドなどである。同じく13世紀の聖職者であるルイ・ド・フランスや、14世紀、ハープスウェルに葬られたウィリアム・ヒリントン、17世紀にはエブラハのアボット・ホレインの記念碑に使われている。18世紀にも、このモチーフは継続して使われている。ブリストルの、聖マリア・レドクリフにあるサンドフォードとチャローナー・メモリアル（およそ1741年）では、葉の頭蓋骨が発見されている。18世紀ではまだ「グリーンマン」は「緑のジャック」との関係性を指摘されておらず、メメント・モリとしての役割が大きかった。

葉文の頭の、非宗教的な使用については、現在においても依然として包括的な研究はなされていない。16世紀からは、一般的な装飾モチーフとして使われ始めており、現在でも時折使用されている。例えば、ジョン・パイパーによる、ウィンチェスターにある、ウェセックス・ホテルの壮麗なステンドグラスなどがそれである。葉文の頭の主題は、近所の聖堂の屋根を飾ることがその目的である。言わば過去に捕らわれたエコーなのである。しかし、丁度14世紀のグリーンマンが古代の葉文のマスクの複製であるように、これらは中世の彫刻の焼き直しでしかない。反射された光と、伝道された光の２つに照らされ、素晴らしいスクリーンや、進んだ略図や色彩によって、活気に満ちた新しい生活に飛び込んでいくのだ。芸術家はイメージを膨らませた。パイパー氏は、平面に幾分装飾的な葉や枝を描く時は、２つの目と鼻と口を描き入れると良い、と私に教えてくれたことがある。彼の説明は、もちろんこの長く親しまれた主題について語っているのである。このモチーフの伝統である様々な特

クイーン、カメル聖バルナバス寺の天井飾り（15世紀）

ブリストル、聖メリー・レドクリフ　葉文のされこうべ(1747年ころ)

徴、深いしわの眉、悪意あるにらみ、ほとんど定まらない焦点、時には斜視。これら全てがグリーンマンをよりわくわくさせるものにしているのである。このモチーフは刺激的であるだけでなく、想像力を大いにかき乱す。ダイナミックな像であり、無限の広がりを持たせることができる。今後、グリーンマンが「無意味な」飾り、空っぽな叫びになることはまずないだろう。15世紀のフォウンテインズ修道院の壁で、悲しげな表情をしながら、現在も廃墟にある葉が自然に育つことを予期していたグリーンマンの叫びは、今でもなお、響き続けている。

グリーンマンの物語は長い。様々な支流や、予期できないゆがみがある。この物語は、字よりも絵で語る方がよりよく伝わっただろう。なぜならば、ルーツをたどり、本流と支流の確

認を行うときは視覚的な効果を使ったほうが、より簡単に話を進めることができるからである。しかし、グリーンマンを探し、グリーンマンに顔と顔を合わせて出会うときは、グリーンマン自身に語らせるのが一番である。彼の足跡を追っていくうちに、我々は中世の教会や聖堂という、地球で最も美しい場所にたどり着く。天国のような追憶に我々を導いてくれるのは、本当はおかしな顔をした悪魔なのである。

【訳者解題】

第Ⅲ部は、The Green Man (Boydll & Brewer Ltd. 1996)の本文を全訳したものである。原書はB4版で著書自ら撮影した174葉の白黒の写真集であり、グリーンマン学のバイブルとも言われる、世界最初のグリーンマン学確立の論文である。1973年にランカスター大学に提出した論文が高く評価され1978年に刊行された。

訳に当っては訳者が著者より直接いただいたサイン入りの再版本を使用した。写真は30葉を選んで論文の理解と作品鑑賞を目ざしている。個々の説明文は読者のため少し詳しくした。

グリーンマンは人間と植物との一体愛和の願いを根底に秘めつつも、必ずしも快い外観をしていない。中世のへつらわない

姿にかえって、芸術家でもある著者は哲学を感じた。全ヨーロッパからトルコまで、足で歩いて草創者の努力を重ねた。この成果によって、芸術、建築の分野はもとより、歴史学、民俗学、環境学等を根本からゆるがした。現在ヨーロッパの多くの大学にグリーンマン学のコースが続々と新設されつつある。

著者カサリン・バスフォードは1916年９月16日、ロンドンから北へ200キロほどのグランザム地方の農家の娘として生れ、乳母のカサリン・ノースの教えで幼くして植物にくわしい子供に育った。ノッテンガム美術学校で植物画を修めた。1937年にフレデイと結婚の後、マンチェスタ大学夜間部でのフクシアの種の交配の研究で、業績を上げ、同大学の教授として招かれ、植物学者として立った。

この間、家庭では一主婦として三人の子育て、そして晩年には重病の夫の看病を立派になしていた。私が1995年に初めてお会いしたときに、何んと先生は本書の初版本を一冊も持っておられなかった。その無頓着さはかなりであった。

1997年「ザ・タイスム」紙が大きく絶賛し再度、世に大きな波が起ったのである。自身車いす生活となりながらも研究を続けておられたが、1998年12月20日に逝去された。

「地球上にある植物の葉がなくなってしまったら、干ばつや飢饉、死と滅亡以外は何も残りません」

（カサリン・バスフォード）

【参考文献】

福沢一郎『シュールレアリズム』アトリヱ社、1937

森口多里『美術概論』東峰書房、1952

森口多里『西洋美術史』（上・下）東峰書房、1956

Frazer, Sir J. G. *The Golden Bowgh*,（1890～1915）邦訳『金枝篇（1～5）』（永橋卓介訳）岩波文庫（簡約版）1966

Basford, Kathleen, *The Green Man*, Ipswich 1978, 同２版 D. S. Brewer, 1996

Anderson, William, *Green Man*, Harper Collins, 1990. 邦訳『グリーンマン』（板倉克子訳）河出書房新社、1993

Hallidayfe, *Shakespeare and his world*, Thames and, Hudson, 1956

Bain, George, *Celtic Art*, Constable Ltd 1993

Larousse, *World Mythology*, Hamlyn, 1956

フィリップ・ヘンダスーン『ウィリアム・モリス伝』（川端康雄・志田均・永江敦訳）晶文社、1990

ウィリアム・モリス『民衆のための芸術教育』（内藤史朗訳）明治図書、1971

ウィリアム・モリス『世界のかなたの森』（小野二郎訳）晶文社、1979

小杉一雄『中国美術史』南雲堂、1986

Brown, Michelle, P. *Anglo-Saxon' Manuscripts*, The British Library Bard, 1991

阿伊染德美『阿伊染德美画集』透土社、1989

Parry Linda, *William Morris*, Philip Wilson P. Ltd 1996

Leach, Bernard, *Beyond East and West*, 邦訳『東と西を越えて』（福田陸太郎訳）日本経済新聞社、1982

『グレン・グールド書簡集』（宮沢淳一訳）みすず書房、1999

J・ジャック・ルソー『学問・芸術論』（平岡昇訳）中央公論社、1966

J・ジャック・ルソー『人間不平等起原論』（小林義彦訳）中央公論社、1966

J・ジャック・ルソー『エミール』（今野一雄訳）岩波文庫、1968

J・ジャック・ルソー『社会契約論』（桑原武夫・前川貞次郎訳）岩波文庫、1954

J・ジャック・ルソー『告白』（桑原武夫訳）岩波文庫、1965

高橋幸泉『幸泉遺稿詩集』大村正男発行、2003

野上弥生子『森』新潮社、1985

トーマス・ブルフィンチ『中世騎士物語』（野上弥生子訳）岩波文庫、1980

『法華経』（上・中・下、坂本幸男・岩本裕訳）岩波文庫、1976

久米邦武『米欧回覧実記』岩波文庫、1978

『日本書紀』（宇治谷孟訳）講談社学術文庫、1990

Acknowledgements

I would like to thank Kathleen Basford for guiding me to new world of art.

It was 1990, when I came to know her book "THE GREEN MAN". Her spirit conducted me making a painting of "The Goddess of Cereals ? OHGETU" based on Japanese mythology. In 1992, I held my self exhibition at an art gallery in Cambridge Central Library, and miraculously, Dr. Helena Verrill had appeared in my show. She said, "How delighted my grandmother will be when looking at your picture." Her grandmother was none other than Mrs. Kathleen Basford! She kindly introduced pictures of my paintings to her grandmother.

On the 6th of September 1995, it was K. Basford' s birthday. She visited my house in London from Cheshire. She spent a night in my house and spoke highly of actual paintings of mine. I got a permission to become one of her pupil, and I had lived in London until 2000. I must also ack nowledge my debt to Angela King and Sue Clifford of Common Ground.

My research and publications are accomplished through cooperation and support of those people listed below ; Christopher and David Basford, Barbara and Catherine Verrill and the family of the deceased K. Basford, Dr. John and Julie Pusey, Dr. Riyad Nouralla, Dr. Carmen Blacker, Alex and Seren Wildwood, Stephen and Kazue Gill, Ian and Fath Rose, Phillida Purvis, Julia Lock, Tomoko Kawamura, Wiesia Cook, and many of those who I could not list their names. I would like to thank them the bottom of my heart.

Takumi Ayzen

The Green Man Legend　Contents

Prologue ―― 5

I　The begining of the Green Man's World

1. The Green Man openes up the world of tomorrow ―― 8
2. The Celtic gods and The Pre-Celtic gods ―― 14
3. The guardian deity of the pagan ―― 20
4. Unknown Green Men ―― 26
5. The Green Man in Japan ―― 32
6. The Green Man in the East ―― 38
7. The pedigree of Japanese Green Man-Hamori ―― 44
8. From Morris to Soseki-a water vein of Utopia ―― 50
9. The revival of the nature worship ―― 56
10. When Mother Earth comes to life…… ―― 62

II　The Green Man's atmosphere

1. Hamori god and the Green Man ―― 70
2. Sir Thomas More and his "Utopia" ―― 90
3. I think about P.R.B on The River Thames ―― 96
4. "The golden bough" by William Terner ―― 106
5. The vitality of the manor house ―― 116
6. The Green Man and Jean-Jacques Rousseau ―― 126
7. The hymn for William Blake ―― 134
8. The great achievemnt of Hokusai ―― 140
9. The Red House of William Morris ―― 150
10. Soseki Natume and Glenn Gould ―― 160
11. Kenji and Seiroku Miyazawa's atomoshere ―― 172
12. Yaeko Nagami EVOL ―― 190
13. "St. George Hospital Tales" in London-my joy ―― 202
14. "Beyond East and West" by Bernard Leach ―― 214

Epilogue ―― 220

Bibliography ―― 224

III　"THE GREEN MAN" by Kathleen Basford ―― 284

translated by Tokumi Ayzen

カサリン・バスフォード (1973〜1988)
Kathleen Basford
イギキリの生物学者・詩人。詳しくは本書訳者解題 (226 頁) 参照。

阿伊染徳美（あいぜん・とくみ）
1935 年岩手県北上市生まれ。1954 年より福沢一郎画伯に師事。武蔵野美術大学講師を勤める。国画会会員、審査員等を経て現在無所属。1990 年英国に移住、銅版画家ピーター・ドブソン画伯に師事するとともに、カサリン・バスフォード教授の弟子となり英国の中世美術・神話(グリーンマン）の研究を続ける。
著書に『阿伊染徳美画集——絵画のかたりべ』（透土社）『わがかくし念仏』（社会評論社）がある。

グリーンマン伝説

2004年 7 月30日　初版第 1 刷発行

著　者——カサリン・バスフォード＋阿伊染徳美
装　幀——桑谷速人
発行人——松田健二
発行所——株式会社社会評論社
東京都文京区本郷2-3-10
☎03(3814)3861　FAX.03(3818)2808
http://www.shahyo.com
印　刷——スマイル企画＋吉原印刷
製　本——東和製本

ISBN4-7845-1442-2